자녀에게
꼭 가르쳐야 할
10가지

PARENTING IN THE HOME STRETCH
by Connie Neumann

Copyright © 2005 by Connie Neumann
Originally published in English under the title Parenting in the Home Stretch
by Fleming H. Revell, a division of Baker Publishing Group,
Grand Rapids, Michigan, 49516, USA.
All rights reserved.

Korean Edition published by Word of Life Press, Seoul, 2013.
Translated and published by permission.
Printed in Korea.

자녀에게 꼭 가르쳐야 할 10가지

ⓒ 생명의말씀사 2013

2013년 7월 30일 1판 1쇄 발행
2024년 7월 24일   2쇄 발행

펴낸이 | 김창영
펴낸곳 | 생명의말씀사

등록 | 1962. 1. 10. No.300-1962-1
주소 | 서울 종로구 경희궁1길 6 (03176)
전화 | 02)738-6555(본사) · 02)3159-7979(영업)
팩스 | 02)739-3824(본사) · 080-022-8585(영업)

기획편집 | 정설아, 전보아
디자인 | 박소정, 최윤창
인쇄 | 주손디앤피
제본 | 주손디앤피

ISBN 978-89-04-14132-6 (03230)

저작권자의 허락 없이 이 책의 일부 또는 전체를
무단 복제, 전재, 발췌하면 저작권법에 의해 처벌을 받습니다.

자녀에게 꼭 가르쳐야 할 10가지

코니 노이만 지음 | 조계광 옮김

생명의말씀사

| 들어가는 글 |

자녀를 자립시킬 준비를 하고 있는가?

얼마 전, 우리 큰아들이 둥지를 떠날 날이 머지않았다는 생각이 갑자기 들었다. 사랑하는 내 아이가 대학생이 되어 인생의 다음 단계를 시작해야 할 때가 된 것이다.

그런 생각을 하다 보니 갑자기 두려워졌다. 내가 늙어 가고 있다는 현실이 새삼 실감 났고, 아들이 과연 스스로 인생을 헤쳐 나갈 준비가 되어 있는지 염려스러웠기 때문이다. 간호사가 "잘 돌보세요."라는 말과 함께 꼬무락거리는 아기를 내 팔에 안겨 주었던 때가 바로 엊그제 같은데…….

아기를 받아 든 나는 진땀을 흘렸다. 혹시 아이를 돌보는 법에 관한 안내서가 있는지 살펴보려고 이리저리 손을 더듬었다. 그러나 손끝에

닿는 것은 아무것도 없었다. 나는 침을 꿀꺽 삼키며 "주님, 도와주세요. 아이를 어떻게 키워야 할지 정말 모르겠어요."라고 기도했다.

갓난아이를 상대해 본 경험이라곤 슈퍼마켓에서 다른 사람의 아이들과 마주쳤을 때 미소를 지어 보인 것이 고작이었다. 그러던 내가 갑자기 갓 태어난 어린아이를 돌봐야 할 처지가 된 것이다. 더럭 겁이 났다. 다행히도 시어머니와 친정어머니의 도움으로 처음 몇 주간은 간신히 버틸 수 있었다. 친절하신 두 어머니는 벼락 강좌를 통해 내게 아이 다루는 법을 가르쳐 주셨다. 나는 미끈거리는 비누처럼 내 손에서 곧 빠져나갈 듯한 아이를 안전하게 고정시킨 채 몸을 씻겨 주는 방법도 배웠다. 물론 그때마다 가까이서 이런저런 지시가 떨어졌다.

우리는 마침내 해냈다. 최소한 두 어머니의 말씀에 따르면 그랬다. 솔직히 나는 두 자녀를 기르면서 처음 석 달 동안 어떤 일이 있었는지 거의 기억이 나지 않는다. 그때를 돌이켜 보면 짙은 안개 속을 거닐면서 "졸려. 자고 싶어."라고 중얼거렸던 느낌뿐이다.

아이들이 잠들면 나도 잠들었다. 그럴 때면 인생이 훨씬 통제하기 쉬워지는 듯한 느낌이 들었다. 여기저기를 향해 도와달라고 소리 지를 필요가 없었기 때문이다. 하지만 부족한 잠을 그럭저럭 보충하고 나면 '이제 무엇을 해야 하지?'라는 생각이 들면서 이내 두려움이 엄습해 왔다. 자녀 양육 교본이나 안내서가 있었으면 하는 마음이 줄곧 떠나지 않았다. 수잔 알렉산더 예이츠가 쓴 양육 안내서가 일시적으로 안도감을 주긴 했지만 내 마음에 꼭 맞는 책은 없었다.

 최근에 나는 1년 후의 일을 상상해 보았다. 그러자 키가 크고 잘생긴 우리 아들이 짐을 꾸려 집을 나서면서 "엄마, 이제 저는 뭘 해야 하죠?"라고 묻는 모습이 떠올랐다. 그와 같은 광경이 눈앞에 펼쳐지자 나는 하나님께 지혜를 구하지 않을 수 없었다. 서서히 진리를 깨닫게 되자 정신이 번쩍 들기 시작했다.

 우리 아이들이 스스로 세상을 잘 살아갈 수 있느냐 없느냐는 지금 그들을 어떻게 준비시키느냐에 달려 있다. 부모에게는 자식이 태어나는 순간부터 자녀를 성숙한 어른으로 키워 내야 할 책임이 있다. 자녀 교육의 모순 가운데 하나는 그 일에 전문가가 되는 순간 곧 손을 놓아야 한다는 점이다.

 그러면 자녀 교육의 기반을 성공적으로 구축하고 있는지를 어떻게 알 수 있을까? 우리가 짓고 있는 기초가 견고하다는 것을 어떻게 확신할 수 있을까? 연구하는 것과 목록 만들기를 좋아하는 나는 즉시 이와 같은 질문에 대한 해답을 구할 목적으로 서점으로 달려갔다. 나는 정확한 기준과 목록과 도구, 즉 중요한 문제를 모두 파악하고 있는지를 알게 해줄 구체적인 단서를 원했다.

 물론 자녀가 성인이 되었다고 해서 부모의 역할이 끝나는 것은 아니다. 하지만 나는 우리 아이들이 '날개'와 '뿌리', 즉 한껏 위로 치솟을 수 있는 자신감과 상황이 어렵고 불확실할 때 착륙할 수 있는 견고한 기초를 모두 갖춘 상태에서 세상에 나아가는 모습을 보고 싶다. 서점에는 자녀 양육에 관해 다룬 책이 수없이 많았지만, 내가 원하는 책은 발견할 수 없었다.

그래서 직접 쓰기로 결심했다. 나는 모든 부모에게 아이들이 잘 준비되었는지를 가늠할 수 있는 방법을 제공하고 싶었다. 그리고 우리가 그동안 무엇을 해왔고, 또 앞으로 무엇을 해야 할지를 알 수 있는 방법을 찾고 싶었다.

물론 답을 다 알고 있다고 자신하지는 못한다. 하지만 나의 제안이 도움이 되어 당신의 자녀가 좀 더 자신감과 지혜를 갖춘 모습으로 세상을 향해 힘찬 발걸음을 내디딜 수 있기를 진정으로 바란다. 우리보다 앞서 자녀 양육의 과제를 마치고 과거를 추억하는 이들의 이야기를 본서에 소개했다. 그들의 이야기는 자녀 양육의 문제가 우리만의 고민이 아니라는 사실을 일깨워 줄 것이다.

각 장 끝에는 몇 가지 질문들을 수록했다. 자신에게 그런 질문들을 던져 보고 이미 잘하고 있다면 스스로 자신의 등을 다독여 주라. 반면 아직도 미진한 부분이 있다면 전문가들의 도움을 받아 좀 더 노력을 기울이라.

뚜렷한 목표가 없으면 공연히 헛수고만 할 뿐이다. 물론 자녀를 돌보다 보면 자기도 모르게 일상에 매몰되기 쉽다. 하지만 강하고, 자신감 있고, 경건한 자녀를 양육하는 것이 우리의 목표라는 사실을 절대로 잊어서는 안 된다. 계획적이고 의도적인 자녀 양육이 필요하다. 그래야만 나중에 지난날을 돌이켜 보며 최선을 다했다고 말할 수 있을 것이다.

"마땅히 행할 길을 아이에게 가르치라 그리하면 늙어도 그것을 떠나지 아니하리라" 잠 22:6.

| 목 차 |

Parenting in the hom

들어가는 글 자녀를 자립시킬 준비를 하고 있는가? | 5

chapter 1 순종하는 법을 가르치라 | 13

chapter 2 경제관념을 심어 주라 | 41

chapter 3 자신을 훈련하는 법과 책임을 가르치라 | 63

chapter 4 생활 기술을 가르치라 | 81

chapter 5 가치관을 정립시키라 | 103

stretch

chapter 6 재능과 은사를 찾아 주라 | 127

chapter 7 확고한 신앙을 심어 주라 | 143

chapter 8 건강 관리법을 가르치라 | 161

chapter 9 원만한 가족 관계와 친구 관계를 가르치라 | 173

chapter 10 예의를 가르치라 | 195

맺는 글 자녀에게 삶의 기술을 가르치길 바라며 | 207
주 | 214

Parenting
in the
home stretch

chapter 1
순종하는 법을 가르치라

　우리 집에 식구가 하나 늘었다. 출산이나 입양을 한 적이 없는데 새 식구가 생겨서 남편과 나는 적잖이 당황하지 않을 수 없다. 뭔가 잘못된 상황이 발생했을 때 그 원인과 경위를 추적해 보면, 두말할 것도 없이 잘못은 바로 '나는 아냐'Not Me라는 이름의 새 식구에게 있다.

　'나는 아냐'는 한마디로 악동이다. '나는 아냐'는 다른 사람이 부엌에 가기 직전에 남은 우유를 다 마셔 버리거나 마지막 남은 파이 조각을 먹어 치운다. 어른이 수저를 채 대보기도 전에 아이스크림을 혼자 다 먹어 버리고는 텅 빈 아이스크림 상자만 슬며시 냉동실에 집어넣고 자취를 감추기도 한다. 또한 '나는 아냐'는 다 쓴 화장지를 다시 채워 놓는 일, 젖은 수건을 잘 걸어 두는 일, 전기 기구의 스위치를 끄는 일, 쓰레기를 버리는 일 따위를 곧잘 잊어버린다.

'나는 아냐'는 모든 규칙을 무시하고 부모의 권위를 조롱하면서 원하는 대로 집 안을 휘젓고 다닌다. 우리는 '나는 아냐'가 어디에서 왔는지 모른다. '나는 아냐'의 사촌인 '나는 몰라'I Don't Know도 교묘하게 꼬랑지를 빼기는 마찬가지다. 우리가 엄히 다스릴 마음만 있다면 그들은 둘 다 큰 위기에 직면한다.

가만히 생각해 보면 '나는 아냐'가 어디에서 왔는지 알 수 있을 것도 같다. '나는 아냐'는 아담과 하와가 에덴동산에서 금지된 열매를 따 먹고 서로 책임을 전가했던 시절부터 줄곧 활동해 온 것으로 보인다. 그들이 처음에 하나님께 순종하지 않았기 때문에 모든 문제가 시작되었다. 하나님은 그들에게 한 가지만을 제외하고는 뭐든지 할 수 있는 자유를 허락하셨다. 하지만 그들은 결국 금지된 그 한 가지 일을 하고 말았다.

권위에 대한 순종

사실 우리 모두가 '나는 아냐'가 아닐까? 우리는 권위에 순종하거나 책임지고 싶어하지 않는다. 자녀에게 부모의 권위에 순종하는 법을 가르치지 않으면 자녀를 망치게 된다. 이런 점에서 부모의 권위에 순종하는 법을 가르치는 것은 매우 중요하다. 『고집 센 아이』의 저자인

제임스 돕슨 박사는 "아이가 부모의 권위를 바라보는 관점은 교사, 교장, 경찰, 이웃, 직장 상사 등과 같은 사람과의 관계에도 매우 중요한 영향을 미친다."[1]라고 말했다.

부모에게 순종하는 법을 알지 못하면서 어떻게 하나님께 순종하는 법을 배울 수 있단 말인가? 부모의 지시를 따르지 않으면서 어떻게 교사나 직장 상사를 존중할 수 있겠는가? 우리가 하지 않으면 누가 우리 자녀에게 권위에 순종하는 법을 가르칠 수 있단 말인가?

성경은 도처에서 부모에게 순종하라고 가르친다. 바울은 "자녀들아 주 안에서 너희 부모에게 순종하라 이것이 옳으니라"엡 6:1고 말했다. 이는 요청이 아니라 명령이다. 이것이 단순한 선택 사항이라면 아무도 그 일을 행하지 않을 것이 분명하다. 나는 어렸을 때 이 말씀을 싫어했다. 이 말씀을 암송할 때는 마지못해 웅얼거리곤 했다.

권위를 거부하려는 속성은 인간의 타고난 본능이다. 안타깝게도 요즘 사람들은 이런 사실을 인정하려 들지 않는다. 자녀 양육 전문가들 가운데는 어린아이가 선한 본성을 지니고 태어난다고 주장하는 이들이 매우 많다. 그들은 어린아이의 비행은 후천적인 영향 탓이라고 주장한다. 말도 안 되는 소리다. 사람은 본성적으로 악하다. 만일 그렇지 않다면 구세주를 필요로 할 이유가 없다.

이런 말이 선뜻 믿어지지 않는다면 당신의 어린 자녀가 눈을 똑바로 치뜨고 "싫어!"라고 외쳤던 때나 슈퍼마켓에서 무작정 떼쓰던 때를 생각해 보라. 우리 아이가 냉동식품이 진열된 통로에서 소리를 지르고 발길질을 해대면서 떼쓰던 때가 지금도 생생히 기억난다. 당시 함께 슈퍼마켓에 왔던 교회 사람들이 나와 우리 아이를 둘러싸고 내가 사태를 어떻게 수습할지를 지켜보았다. 당혹스러운 상황에 처한 부모가 으레 그렇듯이 나 역시 똑같은 반응을 보일 수밖에 없었다. 장보기를 포기한 채 아이를 들쳐 안고 황급히 집으로 돌아왔던 것이다.

부모의 권위와 명령에 순종하는 법을 가르치는 것이 부모의 역할이다. 하지만 신중을 기해야 한다. 왜냐하면 우리가 말하는 의도를 자녀들이 잘못 알아들을 때가 더러 있기 때문이다. 손주 둘을 키워 본 적이 있는 게이 마틴의 이야기를 잠시 들어 보자.

"손주들이 어렸을 때 일이에요. 손녀는 종종 침실에서 과자를 먹게 해달라고 조르곤 했어요. 저는 사탕 봉지나 과자 부스러기를 침대에 늘어놓지만 않는다면 그래도 된다고 허락했죠. 손녀는 매우 청결했어요. 침실에서 과자를 먹어도 항상 깨끗해서 칭찬을 아끼지 않았죠. 제가 칭찬할 때마다 손녀는 환하게 웃음 짓곤 했어요. 저는 그런 손녀가 정말 자랑스러웠답니다. 손주들은 십대 초에 이사를 갔어요. 아이들이 이사하자, 저는 카펫을 깨끗이 청소하고 손녀가 쓰던 침실을 응접실로 개조하려고 했어요. 그런데 침대를 옮긴 순간, 정말 깜짝 놀라고 말았어요. 카펫 위에 웬 쓰레기가 잔뜩 널려 있는 게 아니겠어요? 자세히 살펴보니 손녀가 과자 봉지와 껌 종이를 비롯해 각종 자잘한 쓰레기를 죄다 침대 기둥 밑에 버린 거더라고요.

저는 즉시 손녀에게 전화를 걸어 도대체 무슨 생각으로 그런 짓을 했느냐고 물었어요. 그러자 손녀는 '보이지 않으면 신경 쓰지 않으실 거라고 생각했어요.'라고 대답하더군요.

저는 손녀에게 누구네 집에서 살게 되든지 그 집에서 생각하는 청결의 기준을 따라야 한다고 설명해 주었어요. 이 점은 신앙생활에도 똑같이 적용돼요. 세상은 우리의 옛 습관을 따라 살라고 요구해요. 하지만 우리는 하나님의 집이기 때문에 그분의 집에서는 그분이 생각하시는 청결의 기준을 따라야 한답니다."

만일 남편과 내가 가정의 규칙을 만들고 '청결의 기준'을 제시했다면 어땠을까? 아이들에게 그 기준을 지키라는 말을 할 때마다 동전을 한 닢씩 모으기로 했다면? 아마도 아이들의 대학 등록금 정도는 충분히 마련하고도 남았을 것이다. 우리는 아이들에게 언젠가는 자기 자신의 삶을 책임져야 할 때가 온다는 점을 강조하곤 한다. 하지만 지금은 아직 그럴 때가 아닌 것 같다.

친구인가, 부모인가?

오늘날 우리가 가지고 있는 잘못된 통념 가운데 하나는 부모가 자녀의 가장 친한 친구가 되어야 한다는 생각이다. 그래서는 곤란하다. 물론 우리는 자녀들과 교제해야 한다. 우리는 그들을 사랑해야 하고, 그들과 함께 웃고, 함께 놀고, 함께 대화를 나누어야 한다. 하지만 부모의 역할과 자녀의 역할은 완전히 다르다. 가정의 위계질서로 보건대, 부모와 자녀는 결코 동급이 아니다.

저명한 가정 심리학자인 존 로즈먼드는 『아이를 성공적으로 기르기 위한 6가지 포인트』라는 책에서 가정은 "관대한 독재가 실현되는 곳"이라고 말했다. 가정은 부모가 자녀의 행복에 필요한 결정을 내리는 곳이다. 물론 그렇다고 해서 쓸데없이 으름장을 놓거나 자녀를 위협하는 행위를 일삼아서는 안 된다. 사랑과 권위가 적절히 조화를 이루어야 한다. 부모는 자녀와 대화를 나누어야 한다. 자녀가 어느 정도 성숙했을 때는 반드시 대화가 필요하다. 하지만 최종적 결정권은 부모의 손에 있다.[2]

때로는 부모의 통제 범위 내에서 자녀 스스로 올바른 결정을 내리게 해야 한다. 49명의 아이를 양육한 경험이 있는 조지아 테일러는 남편과 함께 학교에 가기를 거부하는 아들을 교육시켰던 방법을 다음과 같이 들려준다(그녀가 직접 낳은 아이들도 있었지만 대부분은 입양한 아이들이었다).

"토미는 절대로 학교에 가지 않겠다고 버텼어요. 등교 시간이 가까워 오자 토미는 '학교에 가야 한다면 멀리 도망쳐 버릴 거예요.'라며 고집을 피우더군요. 우리는 '좋아. 그렇다면 짐을 챙겨 가는 것이 낫겠구나.'라고 말했어요.

녀석은 자기 방에 들어가더니 물건 몇 가지를 챙겨 가지고 나왔어요. 그러면서 떠날 준비가 되었다고 말하더군요. 남편은 잠시 기다려 보라면서 '아마 돈이 좀 필요할 게다.'라고 말했어요. 그러고는 토미에게 1달러를 주었죠. 녀석은 돈을 받아 주머니에 챙겨 넣더군요.

토미는 잠시 생각에 잠기는 듯하더니 '곧 배가 고플 것 같으니 저녁 식사를 한 뒤에 떠날 게요.'라고 말했어요. 우리는 좋은 생각이라고 대답했죠. 저녁을 먹은 후 남편은 토미에게 '곧 어두워질 테니 서둘러 길을 떠나는 것이 좋겠구나.'라고 했어요. 그런데 밖을 쳐다보던 토미가 남편에게 '그냥 여기 있는 게 낫겠어요.'라고 말하는 게 아니겠어요? 그 후부터 토미는 학교에 가지 않겠다는 말을 다시는 꺼내지 않았답니다."

한계 설정

누구나 그렇듯이 어린 자녀들도 어디까지가 정해진 한계인지를 알고 싶어한다. 자녀들은 과연 부모가 그어 놓은 한계선을 어디까지 밀고 나갈 수 있을까?

딸아이는 다섯 살 무렵 나의 권위에 처음으로 도전장을 던졌다. 딸아이는 해서는 안 될 짓을 저지르는 중이었다. 나는 당장에 그만두라고 했다. 그러자 딸아이는 고개를 치켜들더니 제법 진지한 표정으로 "그만두지 않으면 어떻게 되는데요?"라고 묻는 것이었다. 명령에 거부하면 행동을 고쳐야 할 정도로 나쁜 결과가 나타나는지를 확인하고 싶은 눈치였다. 나는 그 일을 다시 하게 되면 행복한 사람이 될 수 없을 것이라고 했다. 그러자 딸아이는 눈이 휘둥그레지더니 천천히 하던 일을 중단했다.

가족치료사 진 러시는 『어머니와 아들』이라는 책에서 한 엄마가 어린 아들을 위해 마련한 규칙을 소개했다(그 규칙들은 딸들에게도 똑같이 적용할 수 있는 실제적인 지혜가 담겨 있다). 러시는 이렇게 말한다. "규칙이란 한계를 설정하는 것이며, 설정된 한계는 적절한 통제를 통해 유지되어야 한다."[3]

우리 어머니는 러시의 책을 한 번도 읽으신 적이 없다. 당시에는 그 책이 출판되지도 않았다. 하지만 어머니는 그와 같은 원리를 잘 알고 계셨다. 내가 열두 살이었을 때 일이다. 어느 날 어머니는 내게 설정된 한계가 어디까지인지, 또 누가 주도권을 잡고 있는지를 일깨워 주셨다.

그날 나는 어머니의 논리정연한 꾸지람에 항변할 말을 찾지 못했다. 어머니는 내가 잘못했다고 빌 때까지 한쪽 구석에서 벽에 기대지 말고 똑바로 서 있으라고 말씀하셨다.

대략 30분이 흘렀다. 눈이 슬슬 감겨 오기 시작했다. 어머니는 "용서를 빌겠니?" 하고 물으셨다.

나는 "저는 잘못한 게 없는데요."라고 중얼거렸다.

어머니는 "그래? 그렇다면 그대로 더 서 있으렴."이라고 말씀하시고는 조용히 사라지셨다.

다시 30분이 지났다. 어머니는 똑같은 질문을 계속하셨다. 하지만 나는 여전히 같은 대답만 했다.

대문 밖에 친구들이 찾아왔다. 점차 다리가 마비되어 가는 듯했지만 나는 굴복하지 않았다. '아무것도 잘못한 게 없는데 도대체 무슨 용서를 구하라고 하시는 거지?'라는 생각이 들었다. 그런 식으로 무려 네 시간이 흘렀다. 나는 계속 서 있어 봤자 소용없겠다고 판단하고 용서를 빌었다.

그날 나는 귀중한 교훈을 깨달았다. 어머니는 자신의 뜻을 끝까지 굽히지 않으신다는 것을 말이다. 어머니는 한계를 설정하고 그것을 통제하셨다.

요즘 우리 아이들이 고집스러운 모습을 보일 때면 내게서 그런 성격을 고스란히 물려받았다는 생각이 든다.

부모가 반드시 이겨야 할 싸움이 있다. 양보해서는 안 될 싸움을 양보하는 순간, 부모의 권위는 여지없이 실추되고 만다.

딸아이가 중학교에 다닐 무렵 그런 상황에 부딪힌 적이 있다. 당시 우리 아이는 특별한 파티에 참석하기를 원했는데, 그 과정에서 나의 권위를 노골적으로 조롱하는 행위를 했다. 그 잘못된 태도 때문에 아이의 소원을 들어주어서는 안 될 것 같다는 생각이 들었다. 나는 아이에게 경고를 하면서 태도를 바로잡을 기회를 주었다. 하지만 아이는 두 번째 기회조차 무시하고 여전히 못된 행동을 했다.

나는 파티에 가는 것을 허락할 수 없다고 말했다. 그러자 아이는 즉시 눈물을 글썽거리며 용서를 빌기 시작했다. 나는 단호한 태도를 굽히지 않았다. 그러자 아이는 더 다급해졌다. 내가 자리를 뜨자 아이는 내 뒤를 따라왔다. 나는 내 생각을 거듭 말하면서 그 문제를 더는 거론하고 싶지 않다고 딱 잘라 말했다.

딸아이는 포기하지 않았다. 3일 동안 아이는 학교에서 돌아온 순간부터 남편이 퇴근할 때까지 내게 울면서 간청했다(어린아이들은 부모의 권위에서 가장 약한 부분을 공략하는 법을 잘 알고 있기에 그대로 놔두면 그 부분을 이용하려고 한다). 나는 더욱 단호한 태도가 필요하다는 생각으로 딸아이의 하소연에 귀를 틀어막았다. 내가 물러서면 그런 상황이 또다시 일어날 것이 뻔했기 때문이다.

3일째 되던 날이 가장 견디기 어려웠다. 내가 자리에서 일어나자 딸아이가 이내 뒤를 쫓아왔다. 나는 침실 문을 닫았다. 딸아이는 침실 밖에서 용서해 달라고 간청했다. 마침내 나는 전화기를 들고 욕실에 들어가 문을 잠근 다음 일터에 있는 남편에게 전화를 걸었다. 나는 그에게 "내가 잘하고 있는 건지 모르겠어요. 어떻게 해야 할지 좀 알려줘요."라고 말했다.

남편은 "여보, 당신은 지금 잘하고 있으니 절대로 물러서지 마요. 우리는 반드시 이 싸움에서 승리해야 해요. 아무리 졸라도 소용없다는 것과 부모를 존중하지 않는 태도가 얼마나 큰 잘못인지를 일깨워 줍시다. 그리고 우리가 가정의 머리라는 사실을 깨닫게 해줍시다."라고 말했다.

나는 다시금 마음을 굳게 먹고 아이에게 이 문제를 한 번 더 입 밖에 내면 더 나쁜 상황이 초래될 것이라고 경고한 뒤 자리를 떴다. 그것으로 모든 상황이 종료되었다. 최소한 딸아이의 경우만큼은 그와 비슷한 일이 그 뒤로 다시는 일어나지 않았다.

정확한 의도 전달

존 로즈먼드는 "어린아이들은 부모가 순종을 가르쳐야만 순종할 수 있다."고 말한다. 막연히 순종하기를 바라거나 순종할 것이라고 생각하는 부모가 너무 많다. 솔직히 그런 태도나 생각은 아무런 효과를 거두지 못한다. 로즈먼드의 말에 따르면 자녀들이 "왜죠? 왜 안 되는 거죠?"라고 떼쓰며 조를 때 일일이 들어주다 보면 마음과는 달리 더 이상 순종을 가르칠 수 없는 지경에 이른다고 지적했다.[4]

부모는 어떤 결정을 내렸을 때 자녀의 연령과 상황을 고려해 적절한 이유를 설명해 줄 수 있어야 한다. 이때 요점에서 벗어난 대화나 논의에 치우쳐서는 안 된다. 제임스 돕슨은 "부모가 가장 흔히 저지르는 잘못 가운데 하나는 자녀와 불필요하게 입씨름을 한다는 것이다. 그것은 부모를 지치게 할 뿐 전략적으로 아무런 효과가 없다."[5]라고 말한다. 사실 자녀들은 부모의 설명을 기대하지 않는다. 부모를 설득해 자신의 요구를 이루는 데에만 관심을 기울일 따름이다.

부모는 자녀들의 요구에 어쨌든 대답을 해주어야 한다. "안 돼."라고 말해도 자녀들은 잠시 뒤에 또 요구해 올 것이다. 자녀들이 원하는 것은 오로지 부모의 허락뿐이다.

내 남편은 그런 식의 과정이 오래 되풀이되는 것을 원치 않았다. 아이가 같은 요구를 할 때는 "아까도 말했지만 안 된다."라고 딱 잘라 말한 뒤 더는 그 문제를 거론하지 않았다. 물론 우리 아이들은 남편의 그런 태도를 좋아하지 않았다. 하지만 그런 일을 통해 부모가 지칠 때까지 조르거나 설득하는 방법으로는 자신들의 목적을 절대로 이룰 수 없다는 사실을 깨닫게 되었다.

또한 우리는 아이들에게 어떤 일을 지시할 때는 정확한 의도를 전달하는 것이 중요하다는 사실을 알게 되었다. 예를 들면, 우리는 "식사 전에 식기세척기를 완전히 비워 놓는 게 어떻겠니?"라고 말하곤 했다. 그리고 식사 시간이 되었는데도 여전히 깨끗한 그릇들이 식기세척기 안에 놓여 있는 모습이 눈에 띌 때는 "왜 시킨 일을 하지 않았니?"라고 물었다.

아이들은 "꼭 그렇게 해야 한다고 말씀하시지 않았잖아요. 그 말이 단순한 제안인지 명령인지 모르겠더라고요."라고 대답하곤 했다.

우리는 아이들의 대답에서 큰 깨달음을 얻었다. 일을 지시할 때는 구체적이어야 한다는 것이다. 그 후부터 우리는 "식기세척기를 오후 6시 이전에는 말끔히 비워 놓거라."는 식으로 의심의 여지가 없도록 확실히 의사 전달을 하게 되었다.

아울러 자녀에게 순종을 가르치려면 여러 가지 선택을 제시한 후 각각의 결과를 설명해 주려는 노력이 필요하다. "그렇게 하면 이러이러한 결과가 나타날 것이다."라고 말해 주어야 하는 것이다. 그런 다음 자신의 생각을 굽히지 않고 끝까지 밀고 나가는 태도가 필요하다.

일관성을 유지하는 것은 매우 힘든 일이다. 특히 피로에 지친 부모들에게는 더욱 그렇다. 하지만 그것은 정말 중요한 일이다. 자녀가 어제의 대답을 수용하지 않고, 오늘도, 내일도, 다음 주에도 계속해서 똑같은 요구를 해오더라도 부모의 대답은 항상 일관되어야 한다.

여섯 명의 아이를 길러 본 경험이 있는 엘리자베스 구엔더는 "우리 아이들이 나를 사랑하기 때문에 내게 순종할 거라고 기대했어요. 하지만 한 설교자가 그건 잘못된 생각이라고 하더군요. 아이들에게 어떤 일을 지시할 때는 내용을 말한 뒤에 그대로 따라하게 해야 한답니다. 아이들이 지시한 대로 따라지 못하면 눈을 똑바로 쳐다보고 다시 한 번 말을 하라고 하더군요."라고 말했다. 그런 방법을 사용하자 그녀의 아이들은 어떻게 행동해야 하는지를 분명히 알게 되었다고 한다. 아울러 그녀의 아이들은 순종하지 않을 경우 그로 인해 어떤 결과가 나타나는지에 대해서도 확실하게 경험했다.

자녀가 불순종으로 인해 죄책감을 느끼더라도 크게 걱정하지 말라. 지금까지 대화를 나누어 본 결과 죄책감을 나쁘게 생각하는 부모가 많았다. 하지만 죄책감이 항상 나쁜 것은 아니다. 때로는 후회를 느낄 필요도 있다. 우리는 자녀들에게 행동의 결과에 대해 책임질 수 있도록 가르쳐야 한다. 만일 잘못된 선택에서 비롯한 죄책감이나 후회 같은 감정적인 결과에 대해 가르치지 않는다면, 자녀 양육의 중요한 요소 가운데 하나를 간과하는 것이다.

가급적 일찍부터 순종을 가르치는 것이 좋으나 그 시기가 늦더라도 상관없다. 자녀가 나이가 들었다고 해도 지시할 내용을 행동으로 분명히 보여 준다면 순종을 가르칠 수 있다. 자녀들이 아무리 거칠게 반항하더라도 한계를 분명히 그어 주어야 한다. 어느 선까지 용납될 수 있는지를 정해 주어야 하는 것이다.

자녀에게 한계를 설정해 주는 것은 부모의 책임이다. 그래야만 나중에 스스로 한계를 부여할 수 있는 능력을 갖추게 된다. 자녀들을 항상 응석받이로만 대하는 것은 결코 바람직하지 않다. 아무리 많은 비판을 받더라도 남편과 나는 올바른 길을 가고 있다고 확신한다.

존경심을 심어 주는 교육

　나는 오랫동안 교회에서 주일학교 아이들과 많은 시간을 함께해 왔다. 나는 어린이 성경 공부 프로그램인 어와나AWANA 프로그램을 이용해 주일학교 아이들을 가르치는 한편, 청소년 성가대와 드라마 프로그램을 운영했다.

　시간이 지날수록 아이들은 몸집이 점점 더 커졌다. 키가 157센티미터밖에 안 되는 나는 아이들 앞에 서면 땅딸막한 난쟁이처럼 보였다. 하지만 아이들은 내 키와는 상관없이 여전히 나를 존경했다. 몸집 큰 청소년들에게 순종을 가르칠 수 있었던 것은 그들이 교사로서의 나의 권위를 인정했기 때문이다. 나는 육체적인 힘으로는 그들에게 아무것도 시킬 수 없는 입장이었다. 하지만 나는 그들에게 지시를 내렸고, 그들은 나를 지도자로 인정하고 존경했다.

　그런 결과가 나타날 수 있었던 것은 아이들이 내가 일단 내뱉은 말은 반드시 지킨다는 사실을 알고 있었기 때문이다. 나는 그러고 싶지 않았지만 한두 번은 공개적으로 그런 원칙을 따끔하게 가르쳐야 했다. 그 결과 아이들은 설득이 통할 사람과 통하지 않을 사람을 본능적으로 알게 되었다. 그들을 인간으로서 무조건 사랑하는 것과 그들의 행동에 분명한 한계를 설정해 주는 행위가 적절히 균형을 이루어야 한다는 사실을 알게 된 셈이다.

　수 라이트는 아들을 대하는 자신의 태도가 아들의 존경심에 어떤 영향을 미쳤는지를 아래와 같이 말한다.

"제 아들 리처드가 어렸을 때 자녀 교육과 관련해 중요한 사실을 깨닫게 되었어요. 저는 남편과 이혼하여 혼자 리처드를 키우게 되었어요. 그러면서 리처드에게 무엇보다도 순종하는 법을 가르쳐야겠다는 생각이 들었어요. 단지 매가 무서워서가 아니라 진심으로 저를 사랑하고 존경하도록 말이에요. 만일 늘 매로만 다스린다면 아이가 나중에 비뚤어질 수도 있다고 생각되었어요. 그래서 좀 더 나은 훈육 수단을 찾다가 서로를 사랑하고 존경하는 것이 중요하다는 확신을 갖게 되었죠.

그런 깨달음을 얻기까지는 큰 대가를 치러야 했어요. 남편과 저는 이혼한 후 어떤 일을 놓고 크게 다투었어요. 그러자 리처드는 '이 집에서 나갈 거야!'라고 소리치며 자기 방으로 달려갔어요.

저는 '좋아. 짐 꾸리는 걸 도와주마.'라고 말하고는 가방에 옷 몇 벌을 주워 담았어요. 그리고 날이 어둑어둑해질 무렵 리처드를 문밖으로 내보냈어요.

그런데 소중한 제 아이가 가방을 들고 인도를 걸어 내려가는 모습을 물끄러미 지켜보는 순간 문득 정신이 들었어요. 저는 아이를 소리쳐 부르며 달려가 껴안고 입을 맞추었어요. 그리고 아이에게 '우리가 서로 도우면 뭐든지 이겨낼 수 있단다. 여기는 우리 집이야. 우리 둘이 이 집에서 행복하게 잘살 수 있어. 엄마에게 화가 나면 솔직하게 얘기해 줄래? 엄마랑 같이 얘기하면서 풀자.' 라고 말했어요.

지난 세월이 결코 순탄하지만은 않았지만, 우리는 그때나 지금이나 서로를 존경하고 사랑한답니다. 리처드는 지금 마흔한 살이에요. 리처드는 그 당시의 일을 기억하지 못할지도 모르지만, 저는 생생히 기억하고 있죠. 그때 생각을 하니 지금도 눈물이 나네요."

수는 주어진 상황을 통해 자녀에게 부모에 대한 존경심을 가르쳤다. 그녀도 테일러의 가족처럼 갈등이 일어났을 때는 화를 내며 달아나기보다 어려운 상황을 함께 극복해 나가는 것이 올바른 태도라는 점을 아들에게 보여 주었다.

자녀에게 행동의 한계를 설정해 준 뒤 사랑과 통제를 바탕으로 자녀를 잘 이끌어 주라. 그러면 자녀에게 일생 동안 부모를 존경하는 마음을 심어 줄 수 있을 것이다.

거절의 힘

코니 그릭스비와 켄트 줄리언은 『십대 자녀를 대화의 장으로 불러들이는 방법』이라는 책에서 "자녀 양육의 기본 원리 가운데 하나는 가능한 한 자녀의 요구를 들어주는 것이다."라고 말했다. 평소에 자녀의 요구를 잘 들어주어야만 이따금 요구를 거절하더라도 쉽게 순응할

수 있다는 것이 그들의 지론이다.[6)]

 하지만 그것이 문제다. 자녀가 부모의 말에 귀 기울이게 하기 위해서 요구를 들어주는 것도 중요하지만, 거절하는 것도 그에 못지않게 중요하다. 자녀들의 요구를 단호히 거절하지 못하는 부모가 수두룩하다. 그들은 자녀들이 실망할까 봐, 혹은 자녀들의 인격을 무시하는 게 될까 봐 염려한다. 하지만 살다 보면 실망할 때도 더러 있는 법이다.

 실망을 극복할 수 있는 방법을 자녀들 스스로 터득하게 하는 것도 매우 중요하다. 혼자서 세상을 살아가다 보면 자신의 요구가 받아들여지지 않을 때가 상당히 많다는 것을 알게 될 것이다. 부모는 자녀가 그런 때를 잘 대처해 나갈 수 있도록 가르쳐야 한다. 거절할 때는 분명히 거절해야 하는 이유가 바로 여기에 있다.

 그레그 해터웨이는 그의 아들 더그가 고등학생이었을 때 자녀에게 거절 의사를 밝히는 것이 얼마나 중요한지 깨닫게 되었다. 심지어 자녀들은 부모가 단호하게 거절 의사를 표명해 주기를 내심 바라기도 한다는 것을 알았다.

"어느 날 밤, 친구들과 놀러 나간 더그의 전화를 받았어요. 사연인즉, 지금 몇몇 친구들과 함께 있는데, 그 아이들이 우리에게 외출 허가를 받고 가려던 곳이 아닌 다른 곳에 가자고 한다는 것이었어요. 더그는 '제게 안 된다고 말씀해 주세요.'라고 부탁하더군요. 우리는 더그의 말대로 안 된다고 분명하게 말해 주었어요.

집에 돌아온 더그는 친구들이 가서는 안 될 곳에 가자고 했다고 말했어요. 다른 아이들은 자기 부모에게 적당히 둘러대어 허락을 받아 냈지만, 더그는 그렇게 하고 싶지 않았대요. 때로 우리 자녀들은 우리가 거절 의사를 분명히 밝혀 주기를 바란답니다."

자녀가 얼마만큼 성숙한 상태인지, 자녀의 약점은 무엇인지를 잘 파악해야 한다. 우리는 자녀가 도움을 요청해 와도 적절한 도움을 주지 못할 때가 많다.

자녀가 누군가의 초대를 받고 가기를 주저한다면 "우리가 허락하지 않았으면 좋겠니?"라고 물어야 한다. 때로는 부모의 그런 태도를 간절히 원할 때가 있다. 가서는 안 될 곳에 있다거나, 기대하지 않았던 상황에 있을 때면 언제라도 전화를 걸어 도움을 요청하라고 말해 줄 수 있어야 한다. "우리가 가서 널 데려올까?", "네가 나라면 어떻게 말하겠니?"와 같은 질문을 스스럼없이 던질 수 있어야 한다.

이처럼 자녀들에게는 때로 부모의 거절이 필요하다. 자녀의 행복을 위해서라면 그들이 싫어한다고 해도 우리는 부모로서 그들이 의지할 수 있는 보호자가 되어 주어야 한다.

중요한 문제와 사소한 문제의 구별

나는 우리 아이들이 어렸을 때, 경험 많은 부모들로부터 싸워야 할 일과 그냥 놔둬도 될 일을 구별하라는 말을 종종 듣곤 했다. 우리 아이들이 둘 다 십대 청소년이 된 지금 당시의 말이 더욱더 마음에 깊이 와 닿는다. 십대 청소년들은 대개 자신의 정체성을 찾기 위해 부모에게서 독립하려는 특성을 지닌다.

그들의 말과 태도, 모습과 옷차림새는 그야말로 시시각각 변화한다. 또 친구가 금방 바뀌기도 한다. 십대 청소년 자녀를 통제하는 것과 모든 일을 다 알아서 처리해 주어야 하는 어린 자녀를 통제하는 것은 서로 큰 차이가 있다. 십대 청소년 자녀를 다루는 문제는 그리 간단하지 않다.

자녀를 통제하는 데 어려움을 느끼는 부모일수록 이 문제를 더욱 힘들게 여길 것이다. 먼저 자신의 신념과 가치관을 깊이 숙고하면서 중요한 문제와 일시적인 문제, 기호의 문제를 구별해야 한다.

1년은 고사하고 다음 주면 쉽게 기억에서 사라질 문제라면 굳이 힘들게 싸울 필요가 없다. 하지만 자녀의 삶에 일평생 영향을 미치게 될 사안이라면 단호하게 대처해야 한다. 머리 염색과 관련된 문제와 정직하고 신실한 인격과 관련된 문제는 근본적으로 다르다. 지속적인 영향을 미치게 될 문제라면 한 치도 물러서서는 안 된다.

제임스 답슨 박사는 이를 "풀어 줌과 붙잡음의 원리"라고 부른다.

그는 『자녀 양육에는 용기가 필요하다』라는 책에서 자녀들이 십대가 되었을 때 "지속적인 의미가 있지 않은 것은 풀어 주고, 지속적인 의미가 있는 것은 단단히 붙잡아야 한다."7)고 말했다.

자녀 교육은 멀리 내다보고 미리 준비하는 것이 좋다. 남편과 나는 최근에 앞으로 몇 년 동안 일어날 일들을 예상하며 대화를 나눈 적이 있다. 요란한 머리 염색, 이성 교제, 대학 진학, 졸업 후의 직업 등이 화제에 올랐다.

앞으로 나타나게 될 문제들을 예상하고, 그에 대해 어떤 태도를 지니면 좋을지 미리 생각해 두라. 그러면 나중에 대책 없이 허둥대지 않고 문제를 합리적으로 해결해 나갈 수 있을 것이다. 감정에 치우쳐서 "너 미쳤니?"라는 식으로 즉흥적인 반응을 보이는 것보다 훨씬 더 큰 효과를 발휘할 수 있을 것이다.

자제력 훈련

몇 년 전 한 만화에서 어린 소년 하나가 구석에 앉아 자신의 어깨 너머를 바라보며 "내가 비록 지금 바깥쪽에 앉아 있을지라도 실제로는 안쪽에 서 있어."라고 말하는 그림을 본 적이 있다. 그 그림을 생각하면 피식 웃음이 새어 나온다. 그 이유는 그 그림이 자제력이 형성되기 시작할 때의 심리 상황을 잘 묘사하고 있기 때문이다.

지금까지 내가 읽은 자녀 교육서들을 살펴보면 대부분 자제력에 관해 비슷한 주장을 펴고 있는 것을 보게 된다. 그 내용을 한마디로 요약하면 이렇다. 자제력은 순종을 통해 형성된다는 것이다. 다시 말하면, 자녀들이 마음으로 동의하지 않더라도 부모가 요구하는 행동을 하도록 가르쳐야만 자제력이 형성될 수 있다는 것이다.

나는 십대 소녀 시절 친구들과 함께 어디를 가고 싶어도 번번이 엄마의 반대에 부딪혀야 했다. 반대하는 정당한 이유나 설명 없이 단지 "안 돼."라는 한마디만 날아왔다. 나는 거칠게 반항했다. 울면서 졸라 보기도 하고, 마구 신경질을 내며 불평을 쏟아내기도 했다. 하지만 어머니는 조금도 태도를 굽히지 않으셨다(당시 나는 부모가 한번 말하면 그것으로 끝이라는 원리를 깨달아야 했다).

마침내 내 마음이 조금 진정되자 어머니는 내 방에 들어오셔서 "원래 허락해 줄 생각이었단다. 하지만 거절할 경우 네가 어떻게 반응하는지 보고 싶었어."라고 말씀하셨다. 나는 그 말을 지금도 결코 잊지 못한다.

처음에는 어안이 벙벙했다가 나중에는 화가 머리끝까지 치밀어 올랐다. 전보다 더 화가 났다. '어떻게 엄마가 나한테 이러실 수 있지? 내 요구가 얼마나 중요한지 모르셨단 말인가?'라는 생각이 들었다. 나는 "아니, 이 모든 게 일종의 시험이었단 말이에요?"라고 날카롭게 소리쳤다.

어머니는 "그래. 때로는 허락받기도 하고 때로는 거절당하기도 할 거야. 너는 이 두 가지 경우를 모두 잘 처리할 수 있는 능력을 갖추어야 해."라고 말씀하셨다. 어머니가 내 요구를 끝까지 들어주지 않으셨던 이유는 내가 잘못된 태도를 보였기 때문이었다.

그 다음번에는 어머니가 거절 의사를 밝히셨을 때 나는 시험일지 모른다는 생각으로 입을 굳게 다문 채 화를 내지 않았다. 어머니가 시험이 아니라 진짜 거절하는 것이라고 말씀하시자 나의 내면에서는 또다시 심한 갈등이 일기 시작했다. 하지만 나는 어머니의 요구 없이도 스스로 감정을 조절할 수 있는 능력을 지니게 되었다.

학교에서 하고 싶지 않은 과제물을 내주었을 때도, 나중에 직장에서 하기 싫은 임무를 맡겼을 때도, 자제력이 있어야만 자녀들이 그 상황에서 올바른 태도를 보일 수 있다. 정신이 물질보다 우위에 있다는 옛말은 이 경우에도 해당한다.

자제력이란, 내면에서는 다른 감정을 느끼면서도 올바로 행동하고 처신할 수 있는 능력을 말한다. 감정보다 사실에 근거해 반응하는 방법을 배우려면 적절한 기술과 훈련이 필요하다. 요구를 거절당했을 때 어떤 태도를 보여야 할지를 선택해야 한다. 어떤 훈련을 받느냐에 따라 감정에 치우쳐 행동하는 사람이 되느냐, 아니면 마음을 진정하고 신중하게 생각하고 행동하는 사람이 되느냐가 결정된다.

나도 십대 시절에는 여느 소녀들과 마찬가지로 싫어하는 일을 해야 할 때면 눈물을 흘리곤 했다. 아버지를 그림자처럼 졸졸 따라다니며 그 일을 시키지 말아 달라고 졸라 대기도 했다. 감정을 억제하고 주장하고자 하는 바를 논리적으로 분명하게 말하면 아버지는 내 말에 귀를 기울이셨다. 하지만 눈물로 하소연을 시작하는 순간에는 여지없이 내 방으로 돌아가라고 말씀하셨다. 아버지는 그럴 때마다 "네 자신을 자제할 수 있을 때 다시 이야기하자."라고 말씀하셨다.

어머니와 아버지 모두 내게 자제력에 관해 큰 교훈을 가르쳐 주셨다. 덕분에 무엇이 효과가 있고 무엇이 효과가 없는지, 또 내가 원하는 것을 얻으려고 할 때 어떤 방법이 옳고 어떤 방법이 그른지를 배울 수 있었다.

부모의 모범

감정이 극에 달한 상황에서는 부모도 자기 자신을 자제할 수 있어야 한다. 부모가 격분해서 소리를 지르면 자녀에게 합리적으로 말하는 방법을 가르칠 수 없다. 독일 격언 가운데 "억양이 음악을 만든다."는 말이 있다. 무엇을 말하느냐보다 어떻게 말하느냐가 중요하다는 뜻이다. 어떤 목소리와 얼굴 표정으로 말하느냐에 따라 말을 받아들이는 태도에 지대한 영향을 미친다.

감정이 격해진 상황에서는 자녀는 물론 부모도 자제력을 잃기 쉽다. 그럴 때면 서로 잠시 마음을 가라앉힐 시간이 필요하다. 어느 정도 시간을 가진 다음 대화를 나눌 시간을 정해 그때 다시 이야기를 계속하는 것이 좋다. 이는 자제력을 기르고 갈등을 해결하면서 지혜롭게 선택하는 법을 터득하게 하는 데 상당한 도움이 된다.

말과 행동의 차이

자녀들이 우리의 행동을 보지 않고 말에만 귀를 기울인다면 인생은 지금보다 훨씬 더 쉬워질 것이다. 하지만 자녀들은 우리의 말보다는 행동을 통해 더 많은 것을 배운다. 자녀에게 권위를 존중하는 법을 가르치려면 우리는 과연 어떻게 행동해야 할까?

다음의 질문들을 자기 자신에게 던져 보자.

- 자녀가 내 말에 순종하고 나의 권위를 존중하는가? 원하지 않을 때도 그렇게 하는가?
- 우리 가정에는 분명한 규칙이 존재하는가?
- 규칙을 어겼을 때 어떤 징계를 내릴 것인지 확실한 규정이 있는가?
- 자녀가 내 말을 거부했을 때 끝까지 물러서지 않는가, 아니면 쉽게 양보하고 포기하는가?
- 한번 한 말은 반드시 이행한다는 사실을 확실히 인식시켜 주었는가? 그

랬다면 어떻게 그런 인식을 심어 주었는가? 구체적인 예를 들어 보라.
- 내가 먼저 권위 있는 사람들을 존중함으로써 자녀에게 본을 보인 적이 있는가? 구체적인 예를 들어 보라.
- 업무가 합리적이지 않다는 생각이 들 때에도 직장에서 최선을 다하는가? 그런 모습을 자녀에게 보여 주고 있는가?
- 나는 교통 법규를 얼마나 철저하게 준수하는가?
- 줄을 설 때 남을 밀치고 앞줄에 서려고 애쓰지는 않는가?
- 나는 하나님의 권위를 삶에서 어떤 안목으로 바라보고 있는가? 그 점을 자녀에게 어떻게 가르치는가?
- 하나님의 지혜와 인도하심을 구하는 모습을 자녀에게 보여 주고 있는가?
- 무릎 꿇고 기도하는 모습을 자녀에게 보여 준 적이 있는가?

초등학생이나 중학생을 자녀로 둔 경우에는 다음의 질문들을 생각해 보라.

- 자녀가 도를 넘어서는 요구를 한 적이 있는가? 그럴 때 끝까지 그 요구를 거절했는가?
- 최근에 자녀에게 가정을 다스리는 권한이 부모에게 있다는 사실을 일깨워 준 적이 있는가?
- "내가 그렇게 하라고 했기 때문에 해야 한다."라는 말에도 기꺼이 순종

할 수 있도록 가르쳤는가?
- 자녀가 부모에게 순종해야 하듯이 나와 배우자 또한 하나님 앞에서 성실한 태도로 자녀 양육의 책임을 다하고 있는가?

십대 후반의 자녀를 둔 경우에는 다음의 질문들을 생각해 보라.

- 배우자와 함께 자녀 양육에 있어서 도덕성과 관련된 문제와 기호나 취미에 관련된 문제에 대해 생각해 본 적이 있는가? 일단 각자 목록을 만들고 각각의 사안을 성질이 비슷한 것끼리 묶은 후 서로 비교해 보라.
- 앞으로 부딪히게 될 문제들을 생각해 보고 그에 대한 대응책을 논의해 보라.
- 난감한 상황에 직면했을 때 거절 의사를 분명히 밝히는 것이 도움이 되겠느냐고 자녀에게 물어본 적이 있는가?
- 자녀가 한계를 넘으려고 할 때 가정의 규범과 질서를 존중해야 한다는 사실을 상기시켜 준 적이 있는가?
- 부모에게 요구할 것이 있을 때 어떤 태도가 옳고 그른지를 분명히 가르쳐 주었는가?

Parenting
in the
home stretch

chapter 2
경제관념을 심어 주라

장성한 자녀를 둔 부모들에게 다음 두 가지 질문을 던져 보았다.

1) 자녀에게 가르친 교훈 가운데 가장 중요한 세 가지를 꼽는다면 무엇인가?
2) 자녀에게 가르치고 싶었지만 가르치지 못한 것 하나를 꼽는다면 무엇인가?

사람들의 답변은 모두 훌륭했다. 첫 번째 질문에 대해서는 정직한 성품, 예의 바른 태도, 절도 있는 생활, 사랑하는 법과 일하는 법, 주님을 사랑하고 자주 웃으며 사는 삶, 다른 사람을 돌보고 용서하는 삶, 최선을 다하는 삶, 부모를 존경하고 인종이나 가문에 상관없이 모든 사람을 존중하는 삶 등의 답변이 나왔다. 이러한 답변들과는 달리 다른 답을 제시한 아버지도 있었다. 그는 돈을 잘 관리하는 방법을 강조했다.

나는 조사에 응한 부모들이 자녀에게 가르치고 싶었지만 가르치지 못한 것으로 '돈 관리'를 가장 많이 꼽은 데 대해 깜짝 놀랐다. 내가 처음에 예상했던 대답은 성교육이었기 때문이다. 조사를 통해 자녀에게 경제관념을 심어 주는 것도 매우 중요함을 알 수 있었다.

아직 덜 자란 자녀들은 대개 하루만 살고 말 것처럼 산다. 부모 밑에 있을 때는 그런 식의 사고방식을 지니는 것이 보통이다. 그들은 금요일 저녁이 인생의 마지막인 양 더는 내일을 생각하지 않는다. 나이가 그리 많지 않은데도 머리가 벌써 희끗희끗해진 부모들이 많은 이유가 여기에 있다.

생일날 받은 용돈을 불과 반나절도 못 되어 모두 써 버리는 습관을 지닌 자녀들이 나중에 어른이 되면 자기 스스로 식료품도 구입하고 집세도 내야 한다. 따라서 우리는 자녀들에게 올바른 돈 관리법을 미리부터 가르쳐야 한다.

자녀에게 올바른 경제관념을 심어 주는 것은 부모의 책임이다. 어린 자녀들은 집에서 보고 배운 가치관과 습관을 고스란히 간직한 채 성인으로 자란다. 이런 점에서 볼 때 돈을 잘 관리하는 데에도 실질적인 가르침과 경험이 필요하다는 것을 알 수 있다. 부모가 가르쳐 주지 않으면 자녀들은 돈을 관리하는 방법을 알 수 없다.

용돈 관리

메리 헌트는 『빚 없는 인생』이라는 책에서 빚지지 않고 살아갈 수 있는 방법은 "10-10-80의 비율을 유지하는 것"이라고 말했다. 간단히 말해 수입이 있을 때마다 10퍼센트는 헌금하고, 10퍼센트는 저축하고, 나머지 80퍼센트는 생계에 지출하면 된다는 이론이다.[1]

하지만 베풀거나 저축하려면 먼저 일정한 수입이 있어야 한다. 어린 자녀의 정기적인 수입 원천은 대개 용돈이다. 이 문제에 대해서는 다양한 의견이 있기 때문에 우리 가족의 사례를 소개한 뒤 각자의 판단에 맡기는 것이 좋을 듯싶다.

집안일을 도와주면 자녀들에게 용돈을 주는 집도 있지만, 우리 집은 그렇지 않다. 우리 아이들에게는 집안일을 '하고 싶다', '하고 싶지 않다'로 결정할 수 있는 권한이 없다. 집안일을 도와줄 때 용돈을 주겠다고 하면 아이들은 십중팔구 용돈을 받지 않아도 좋으니 집안일을 하지 않겠다고 말할 것이다. 우리는 한 가족이라면 당연히 허드렛일을 비롯해 가사의 책임을 나누어야 한다고 생각한다.

우리는 이따금 아이들이 창고 청소나 페인트칠 같은 일상적인 의무를 뛰어넘은 일을 할 때 용돈을 준다. 하지만 그런 상황은 정해진 규칙이 아니라 예외적인 상황일 뿐이다. 내가 어렸을 때 어머니는 잡초 뽑는 일을 시켜 용돈을 받을 수 있는 기회를 주셨다. 하지만 그런 '기회'는 선택이 아닌 필수였다. 만일 그것이 선택이었다면 나는 차라리 용돈을 받지 않는 쪽을 택했을 것이다. 왜냐하면 잡초 뽑는 일은 죽어도 하기 싫었기 때문이다. 이런 일을 선택 사항으로 삼을 것인가, 아닌가는 각자의 판단에 맡기겠다.

자녀들이 점차 나이를 먹으면 용돈을 올려 준 뒤 돈을 어떤 일에 사용해 보라고 요구하라. 그것이 돈 관리법을 가르치는 첫 번째 단계다. 어떤 부모들은 용돈이 필요하다고 할 때 용돈을 주는 것이 최선책이라고 생각한다. 그렇게 하면 쓸데없는 일에 용돈을 지출하는 것을 막을 수 있기 때문에 좋은 방법이 될 수도 있다. 하지만 자녀에게 스스로 결정을 내릴 수 있는 기회를 주지 않는다면, 돈을 관리하는 능력을 영원히 갖추지 못하게 될지도 모른다.

미래를 생각하며 자녀들에게 돈을 잘 관리하는 능력을 심어 주려면 정기적으로 용돈 주는 날을 정하는 것이 좋다. 그렇게 하려면 부모가 미리 계획을 세워야 한다. 정해진 날짜에 용돈을 주는 일은 그리 쉬운 일이 아니다. 우리 집도 마찬가지다. 아이들이 미리 용돈을 달라고 할 때 못 들은 척하기가 쉽지 않기 때문이다. 우리는 아이들이 앞으로 독립해서 살아가야 할 날을 미리 경험하게 할 목적으로 용돈 주는 간격을 점차 늘리고 있다.

헌금하는 습관

아이들에게 용돈을 주게 되면 먼저 십일조의 중요성을 가르쳐야 한다. 십일조 드리는 습관을 발전시키지 않으면 아무것도 베풀지 않는 인색한 인생을 살기 쉽다. 메리 헌트는 "베푸는 행위는 곧 감사의 표현이다. 즉, 베푸는 삶은 내게 주어진 소유와 내가 받은 축복에 대한 감사를 구체적으로 표현하는 행위다."2)라고 말했다.

우리는 아이들이 어렸을 때부터 우리가 가진 모든 것은 하나님의 소유라고 가르쳤다. 그리고 하나님이 우리에게 물질을 사용할 수 있도록 허락하셨고, 선한 청지기가 되는 것이 그분의 뜻이라는 사실을 강조했다. 우리는 최소한 수입의 10퍼센트를 하나님께 드림으로써 세상에서 그분의 사역이 원활하게 이루어질 수 있게 해야 한다.

십일조를 한 번도 드린 적이 없다면 지금부터라도 시작하라. 우선 수입의 2-3퍼센트 정도를 바치는 데서 시작해 점차 늘려 가라. 물질을 바칠 수 있는 용기를 허락해 주시기를 기도하라. 십일조는 신뢰의 문제다. 십일조를 바쳐 하나님을 영화로우시게 하면, 하나님께서 남은 돈으로 충분히 살아갈 수 있는 축복을 베푸실 거라는 확신이 있어야만 가능한 것이다. 자녀들에게도 십일조 드리는 습관을 가르쳐야 한다. 우선 부모가 십일조를 바치는 모습을 보여 주고, 자녀들에게도 그렇게 할 수 있는 기회를 제공해야 한다.

호주머니 속에 있는 동전을 꺼내 주일학교에 가는 어린 자녀의 작은 손에 가만히 쥐어 줄 수도 있다. 하지만 미리 용돈을 주어 스스로 헌금을 바치는 습관을 길러 준다면 훨씬 더 의미 있고, 교육 효과도 배가될 것이다. 헌금을 내야 하는 이유를 잘 설명해 주고 직접 실천해 보라고 격려하는 태도가 필요하다. 십일조와 관련해 아들의 잘못된 생각을 바로잡아 준 적이 있는 조지아 테일러의 이야기를 들어 보자.

"티모시가 아주 어렸을 때 우리는 아이에게 십일조에 대해 가르쳤어요. 우리가 가진 모든 것의 10퍼센트를 하나님께 드려야 한다고 말이죠. 주일 아침마다 우리는 주일학교에 가는 아이에게 헌금을 주곤 했어요. 그런데 주일학교를 마치고 집에 돌아온 아이의 주머니에서는 항상 짤랑거리며 동전 소리가 났어요. 헌금하라고 준 돈을 예배 시간에 바쳤느냐고 묻자 아이는 '네, 그랬어요.' 라고 대답하더군요.

우리는 돈이 남아 있는 이유가 궁금하여 준 돈을 모두 바쳤느냐고 물었어요. 그러자 아이는 '아뇨. 엄마와 아빠가 말한 대로 10퍼센트만 드렸어요.' 라고 대답하더라고요.

우리는 아이에게 10퍼센트는 우리가 드릴 수 있는 최소한의 헌금이고, 하나님은 그 이상도 바칠 수 있는 마음의 자세를 원하신다고 가르쳐 주었답니다."

창의적인 방법이 필요하다. 교회와 주변에서 베풀 수 있는 기회를 찾아보라. 선교 사업, 노숙자를 위한 숙소나 무료 급식소, 특별 기금 모금과 같은 다양한 활동을 접할 수 있을 것이다.

과부가 동전을 드렸던 이야기를 기억하는가? 그녀가 드린 것은 몇 푼의 동전에 불과했지만, 그 돈은 그녀가 가진 전부였다. 예수님은 사람들이 자신의 관대함을 자랑하고 싶어 드렸던 많은 헌금보다 그녀의 헌금을 훨씬 더 귀하게 보셨다. 그런 차이를 만들어 냈던 것은 바로 과부가 지녔던 마음의 자세였다.

자녀에게 일정한 용돈을 주고 스스로 하나님께 헌금을 바치는 습관을 발전시켜 나가도록 한다면, 일평생 선한 청지기로서 물질을 잘 관리하며 살아가는 사람이 되게 할 수 있다. 베푸는 삶이 가져다주는 기쁨을 자녀들에게 가르치고, 직접 그들 앞에서 모범을 보이라.

십일조를 드리고 베푼다는 것은 단순히 돈을 기부하는 데 그치지 않는다. 베푸는 삶이란, 물질은 물론 시간을 바치는 것을 의미한다. 이는 우리 삶에 주어진 모든 것을 아낌없이 나누어 주는 마음을 갖게 한다. 우리 아이들은 형편이 어려운 아이들에게 자신들이 좋아하는 장난감을 나누어 주기도 했고, 겨울옷이 없는 사람들에게 옷을 나누어 주기도 했다.

소유에 연연하지 않으려면 연습이 필요하다. 소유에 눈먼 사회에서 물질을 축적하지 않는 생활 태도를 지켜 나가기란 매우 어렵다. 하지만 우리 자신을 소유자가 아닌 관리자로 생각한다면 소유에 대한 집착을 떨쳐 버리기가 한결 수월해진다. 그렇다고 바보가 되라는 말은 아니다. 다만 스크루지처럼 인색한 구두쇠가 되어서는 안 된다는 뜻이다. 균형 있는 삶을 추구하라. 하나님은 우리에게 물질을 허락하셨다. 물질을 어떻게 사용하느냐에 따라 어떤 일에 비중을 두고 있는지가 여실히 드러난다.

우리 가정의 전통 하나를 소개하고 싶다. 자랑할 의도는 전혀 없다. 다만 그 일을 통해 우리 가정에 큰 변화가 있었다는 사실을 알리고 싶을 뿐이다. 또 당신의 가정에 적용할 수 있는 창의적인 방법을 생각하는 데 도움이 되었으면 하는 마음이다.

몇 년 전의 일이다. 우리 집안 사람들은 성탄절이 되면 아이들을 위해서는 여러 가지 선물을 준비하고, 어른들에게는 제비를 뽑아 몇 명에게만 선물을 주었다. 그렇게 해서 성탄절 선물 구입비를 줄인 것이다. 하지만 여전히 모두가 경제적으로 큰 부담을 느낄 수밖에 없었다. 우리 집안은 사람이 워낙 많았기 때문이다.

우리는 결국 획기적인 방안을 생각해 냈다. 어른들에게는 계속 제비를 뽑아 선물을 주되 선물 비용이 10달러를 넘지 않도록 제한한 것이다. 그런 다음 우리는 몇 군데 구호 기관을 알아보고, 그 가운데 가장 괜찮다고 생각되는 기관을 하나 선택했다.

성탄절 전야에 선물을 나누어 주는 순서를 가진 후, 구호 기관에 기부할 목적으로 바구니를 돌려 각자 원하는 만큼의 돈을 내게 했다. 처음에는 선물을 살 목적으로 떼어 둔 돈을 기부했지만, 지금은 성탄절을 염두에 두고 1년 동안 조금씩 저축한 돈을 기부하고 있다.

구호 기관에서는 안내문을 보내 자신들이 무슨 사역을 하고 있고, 또 무엇이 필요한지를 알려 주었다. 우리는 그것을 돌려 보며 가장 나이가 어린 가족부터 가장 나이가 많은 가족에 이르기까지 우리가 낸 기부금이 어디에 사용되면 좋을지를 고르게 했다. 각자가 원하는 내용의 사역이 정해진 다음에는 필요한 기금을 어떻게 마련하여 송금할 것인지를 결정했다. 가족들이 저마다 원하는 일을 선택하는 모습을 지켜보며 우리 모두는 큰 기쁨을 느꼈다. 지금 우리는 온 가족이 세계 각처에서 이루어지는 하나님의 사역에 동참할 수 있는 특권을 누리고 있다.

저축 습관

자녀에게 예금 통장을 만들어 주는 것이 좋다. 은행마다 수수료 없이 예금 통장을 개설해 준다. 우리 아이들도 각자 예금 통장이 있는데 보관은 내가 하고 있다. 이는 내 허락 없이는 함부로 예금 통장의 돈에 손댈 수 없다는 뜻이다. 우리 아이들은 생일날 받은 용돈 가운데 일부는 반드시 저금해야 한다고 알고 있다. 아이들은 저축을 하면서 돈이 조금씩 늘어 가는 것을 보고 즐거워한다.

예금 통장이 마치 블랙홀처럼 돈만 저축하는 기능에 그치지 않게 하려면 장단기 목표를 정해야 한다. 돈을 저축할 때와 지출할 때를 결정하라. 단기 목표에는 새 자전거 구입, 비디오 게임 구입이 포함될 수 있고, 장기 목표에는 대학 등록금, 숙소 보증금, 또는 집세 등이 포함될 수 있다. 자녀가 성장해 갈수록 저축하는 돈도 더 많이 늘어나야 한다.

예금 통장 외에도 돈을 불릴 수 있는 방법이나 투자 기회가 얼마든지 있다. 이 문제를 여기서 길게 논할 생각은 없다. 하지만 그렇게 어려운 일은 아니라고 말하고 싶다. 그동안 투자에 관심을 기울이지 않았다면 이번 기회에 온 가족의 프로젝트로 삼아 함께 배워 나가라.

지출 계획

헌금하는 습관과 저축하는 습관을 가르친 뒤에는 돈을 규모 있게 지출하는 습관을 가르치는 데 관심을 기울여야 한다. 자녀가 성장해 갈수록 용돈이 더 많이 필요하고, 지출할 일도 더 늘어나기 마련이다. 가족과 친구들을 위한 선물 구입비, 학교 급식비, 이발비, 학용품 구입비, 등록금(수학여행비와 특별 활동비 등도 함께 고려해야 한다), 영화 관람비, 도서 구입비 등을 예로 들 수 있다. 용돈을 미리 주거나 예외적인 상황을 만들어서는 곤란하다. 그런 식으로 습관을 들이면 은근히 기대감을 갖게 되기 때문이다.

아울러 생활을 영위하는 데 들어가는 비용에 대해 자녀들과 대화를 나눌 수 있는 기회를 마련하는 것이 좋다. 예를 들어 식당에 갔을 때는 십대 자녀에게 계산서를 보여 주고 팁을 얼마나 주어야 할지를 생각해 보게 하라. 그렇게 하면 수학 실력도 향상시킬 수 있을 뿐 아니라, 서비스업에 종사하는 사람들을 대하는 태도와 관대한 삶을 가르칠 수 있는 작은 기회가 될 수 있다.

의복 문제

아이들이 커갈수록 물건을 살 때 또래 집단의 압력도 더욱 커진다. 특히 옷을 살 때는 더 많은 영향을 받는다. 이럴 경우에는 옷을 살 때 필요한 예산을 결정하고, 자녀에게 혼자서 옷을 사게 하면 좋다. 아이들이 유명 상품의 옷을 사는 데 돈을 다 써 버릴지도 모른다는 염려가 앞선다면 직접 옷을 사줄 수도 있다. 하지만 정해진 예산의 한도 내에서 아이들 스스로 적당한 옷을 사게 하는 훈련이 필요하다.

십대 자녀에게 예산을 운용하는 방법을 가르치려면, 먼저 한 해 동안 옷을 사는 데 들어가는 총 비용을 계산한 뒤 1년 동안 몇 차례에 걸쳐 그 비용을 나눠 주는 것이 좋다.

일단 준 돈을 모두 사용했다면 그것으로 족하다. 미처 생각하지 못한 상황을 빌미잡아 용돈을 더 요구하더라도 응해서는 안 된다. 옷을 사는 데 쓰지 않고 남은 돈은 반드시 돌려받아야 한다. 남은 용돈을 그대로 가지고 있게 하면 옷을 사는 데 써야 할 돈을 아껴 다른 물건을 사는 데 지출할 수도 있기 때문이다.

　자녀들이 실수를 저지를 수도 있다는 점을 잊어서는 안 된다. 오히려 시행착오를 겪게 하는 것이 좋다. 지금 작은 실수를 저지르면 나중에 더 큰 실수를 피할 수 있다.

　어쨌든 나는 우리 아이들에게 스스로 옷을 사라고 말한다. 하지만 분수에 맞지 않는 옷을 사려고 할 때면 우리는 여전히 제동을 건다. 이제 우리 아이들은 우리가 소박하고 검소한 삶을 요구한다는 것과 우리가 자신들에게 무엇을 기대하고 있는지를 잘 알고 있다. 우리는 필요한 경우에는 언제라도 올바른 삶의 태도를 거듭 강조한다.

　십대로 접어들면서 값비싼 옷과 값싼 옷을 비교할 줄 알고, 좀 더 비싼 옷을 선호하기 시작하면 옷을 바라보는 자녀들의 관점은 이전과는 크게 달라진다.

　어느 날, 우리 아들 벤이 고등학교 식당에 앉아 있었다. 그런데 한 상급반 학생이 어슬렁거리며 다가오더니 "이봐, 멋쟁이! 청바지 죽이는데? 어디서 샀냐?"라고 물었다. 벤은 조금도 주저하지 않고 '월마트'라고 대답했다. 그 말을 들은 학생은 어이없다는 듯한 표정을 짓더니 조용히 사라졌다. 상급반 학생은 벤이 청바지를 어디서 샀는지를 알기 전만 해도 그것을 멋지다고 생각했다. 그런데 벤은 "유명 브랜드의 청바지를 반값에 샀어요."라고 말한 것이다.

  딸아이도 옷을 사는 비용의 한도를 깨닫고 소박하고 저렴한 옷 가게를 찾곤 한다. 벼룩시장도 옷을 저렴하게 살 수 있는 또 하나의 좋은 통로다. 자녀들에게 스스로 옷을 살 수 있는 재량권을 주면 그런 통로를 통해 옷을 사야겠다는 생각을 저절로 갖게 된다.

생활비에 대한 교훈

  슈퍼마켓에 갈 때는 자녀들을 함께 데려가 쇼핑하는 법을 배우게 해야 한다. 그렇지 않으면 식료품 값이 얼마나 드는지를 이해시키기 어렵다. 슈퍼마켓까지 가는 거리가 다소 멀다고 해도 이따금 한 번씩 꼭 자녀를 데려가는 것이 좋다.

  우리 아이들이 초등학교에 다닐 무렵, 나는 아이들을 슈퍼마켓에 데려가 작은 일을 시키곤 했다. 예를 들면, 아이들을 시리얼을 파는 코너에 보내 여러 상품 중에 하나를 골라 오게 한 것이다. 나는 골라 온 상품의 가격이 얼마고, 무게는 얼마며, 또 왜 그 상품을 골랐는지를 물었다.

  아이들은 유명 브랜드의 시리얼이 슈퍼마켓에서 직접 제작한 시리얼과 맛은 큰 차이가 없으면서 가격은 무려 두 배 가까이 차이가 난다는 사실을 금방 깨달을 수 있었다. 같은 가격을 주고 두 배나 더 많은 시리얼을 살 수 있다는 사실을 스스로 체득하게 된 셈이었다. 이런 식으로 나는 아이들이 가게의 물건들을 비교해 돈을 효율적으로 지출하도록 가르쳤다.

통장과 현금카드에 관한 교훈

자녀가 아르바이트를 할 경우에도 함께 은행에 가서 통장을 개설하는 것이 좋다. 수입과 지출의 균형을 맞추는 방법을 가르치는 일은 매우 중요하다.

자녀가 현금카드를 사용할 준비가 되어 있는지, 또 출금 한도를 알고 있는지를 분명히 해야 한다. 현금카드를 갖고 다닐 수 있게 하려면 무엇보다도 그것을 주의 깊게 다룰 만한 능력이 있는지를 고려해야 한다. 현금카드는 위험 소지가 있기 때문이다. 물론 현금카드는 편리하다. 하지만 무한정 돈을 빼 쓸 수 있다는 잘못된 생각을 갖게 할 수도 있기 때문에 자칫하면 그릇된 돈 관리 습관을 심어 줄 수 있다.

무엇보다 현금카드를 안전한 장소에 두고 현금처럼 관리해야 한다는 점을 주지시켜 주어야 한다. 또한 세상에서 가장 친한 친구일지라도 절대로 비밀번호를 알려 주어서는 안 된다는 점을 깊이 명심하게 해야 한다. 친한 친구가 원수로 둔갑할 수도 있기 때문이다. 하루에 출금할 수 있는 액수를 정해 두면 설혹 현금카드가 나쁜 사람의 손에 들어갔다 하더라도 경제적인 피해를 최대한 줄일 수 있다. 자녀들이 그렇게까지 할 필요가 있나 싶은 표정을 짓더라도 현금 인출기에서 돈을 찾을 때, 특히 밤중에는 주변에 누가 있는지를 살펴보라고 권하는 것이 좋다.

즉각적인 만족을 구하는 사회

우리는 경제적인 여유를 고려하지 않고 무엇이든 다 가지려고 한다. 사람들은 수입만이 아니라 신용카드를 이용해 대출받은 돈까지 모두 지출한다. 만일 빚더미에 짓눌려 살아가고 있다면 하루빨리 그 상황에서 벗어나야 한다. 자녀들에게도 신용카드를 신중하고 현명하게 사용하는 법을 가르쳐야 한다. 그래야만 그와 같은 상황을 겪지 않게 할 수 있다.

한 여성은 딸을 키우면서 무리한 지출 습관과 신용카드의 위험성을 일깨워 주는 데 많은 시간을 할애했다고 했다. 그녀의 딸은 대학 캠퍼스 근처에서 많은 신용카드 회사가 간이 점포를 만들어 놓고 학생들에게 신용카드를 발급해 주는 모습을 보고 깜짝 놀랐다고 한다. 그녀는 나중에 엄마에게 그때의 일을 말하면서 "너희 부모님은 신용카드에 대해 아무 말씀도 하지 않으셨니?"라고 소리치고 싶었다고 했다. 신용카드 회사에서는 아무것도 모르는 학생들에게 낮은 이자율로 돈을 쓸 수 있다고 부추긴다. 자녀들이 그런 속임수에 넘어가지 않도록 잘 단속해야 한다.

물론 신용카드가 필요할 때도 있으므로 자녀에게 신용카드를 지혜롭게 사용하는 방법을 가르쳐야 한다. 자녀에게 신용카드 사용법을 가르치려면 우선 체크카드를 사용하는 데서부터 시작하는 것이 좋다. 체크카드는 결제 계좌의 잔액 범위 안에서만 사용할 수 있기 때문에 과소비를 방지할 수 있다.

지불할 돈이 남아 있지 않으면 아무것도 구입해서는 안 된다는 사실을 거듭해서 강조하라. 성경은 아무 빚도 져서는 안 되고, 채무자는 채권자의 종이 된다고 말한다롬 13:8, 잠 22:7. '청구서가 도착할 즈음이면 돈이 생기겠지.' 하는 막연한 생각은 결코 바람직하지 않다는 점을 상기시켜 주어야 한다. 혹시나 자녀들이 문제에 봉착하더라도 대신 빚을 갚아 주어서는 안 된다. 스스로 빚을 갚을 수 있는 길을 찾도록 도와주어야 한다. 그런 경험은 자녀들에게 잊지 못할 교훈을 심어 줄 것이다.

정직한 생활 태도

내가 알고 있는 부모들은 대부분 어렸을 때 남의 물건을 훔쳐 본 적이 있다고 한다. 그들은 자녀들을 키우면서도 똑같은 일을 겪었다고 한다. 부모라면 한 번쯤은 남의 것을 훔치고서도 마치 그런 적 없는 것처럼 시치미를 떼는 자녀들을 훈계해 본 경험이 있을 것이다.

우리도 아이들이 아주 어렸을 때 그런 일이 있었다. 포장하지 않은 과자나 견과를 작은 봉지에 담아 파는 가게에 갔을 때의 일이다. 벤은 지렁이처럼 생긴 젤리가 먹고 싶다고 졸라 댔다. 하지만 나는 허락하지 않았다. 그런데 잠시 후, 선반에 있는 물건을 꺼내고 나서 뒤를 돌아보는데, 벤이 그곳에 서서 양쪽 볼이 불룩하도록 젤리를 먹고 있는 모습이 눈에 띄었다.

벤의 한쪽 입가로 젤리의 꼬리 부분이 삐죽 튀어나와 있었다. 내가 젤리를 먹었느냐고 물었더니 녀석은 고개를 가로저으면서 "아뇨."라고 대답했다. 젤리를 먹은 것이 틀림없다고 추궁하자 벤은 "미셸도 먹었어요."라고 둘러댔다. 당시 미셸은 선반까지 손이 채 닿지도 않을 정도로 키가 작았다. 미셸은 그 일과 전혀 상관없다는 것을 바로 알 수 있었다.

벤은 울음을 터뜨리기 시작했다. 나는 벤을 계산원에게 데려가 자기 것이 아닌 물건을 멋대로 집어먹었다고 고백하게 했다. 당시 사건은 벤에게 결코 잊지 못할 교훈을 주었다. 그 후부터 벤은 누군가가 먹으라고 주지 않으면 다시는 상점에서 멋대로 상품을 집어 먹지 않았다.

혼자서 아이를 키우고 있는 패티 스티븐스도 아이가 초등학생일 때 비슷한 경험을 했다고 말한다.

"어느 날 가게에 갔을 때의 일이에요. 지미가 당시에 선풍적인 인기를 끌던 녹색 수류탄 풍선을 사달라고 졸라 댔어요. 제가 거절하자 지미는 다음 통로에 가서 물건들을 둘러봐도 되느냐고 묻더군요.
나중에 차를 몰고 집에 돌아오는 도중에 '왜 지미가 그런 부탁을 했을까?' 하는 생각이 들었어요. 아니나 다를까 지미의 바지 주머니 밖으로 녹색 수류탄 풍선 몇 개가 삐죽이 튀어나와 있는 것이 보였어요. 물건을 훔치는 행동은 잘못이고, 절대로 남의 것을 취해서는 안 된다고 호통을 쳤더니, 지미는 '하지만 단 두 개밖에 손대지 않았어요. 한 상자를 다 훔치지는 않았다니까요.'라고 대꾸하더군요.
그 순간 저는 차를 돌려 지미를 가게 관리인에게 곧장 데려갔어요. 그러고는 지미에게 무슨 일을 저질렀는지 그에게 사실대로 말하라고 추궁했어요. 관리인은 그런 와중에서도 친절한 태도를 잃지 않았어요. 하지만 지미는 거의 사색이 된 채로 풍선을 훔쳤다는 사실을 선뜻 고백하려 하지 않았어요. 나중에 저는 지미에게 '개인의 책임은 남의 물건을 훔치지 않는 데서부터 시작한단다.'라고 말했답니다."

물론 말로만 그쳐서는 안 된다. 자녀들 앞에서 모범을 보여야 한다. 어느 날 우리 아이들과 내가 백화점에 갔을 때의 일이다. 나는 진열대

사이를 지나다니다가 블라우스 가운데 살 만하다 싶은 것들을 옷걸이째 내 팔 위에 걸쳐 놓았다. 그때 우리 아이들은 근처에서 놀고 있었다. 아이들은 옷걸이에 부착해 놓은 흰색 숫자 태그옷의 사이즈를 기록해 놓은 클립를 떼어 내고 있었다. 나는 아이들에게 그것들은 가게의 재산이니 제자리에 갖다 놓으라고 말했다.

백화점을 나와 쇼핑몰을 지나가는데 두 아이의 바지 주머니가 불룩한 것이 눈에 띄었다. 내가 추궁하자 아이들은 마지못한 태도로 작은 숫자 태그들을 한 움큼 꺼내 놓았다. 나는 쇼핑몰 한복판에 서서 손가락질을 해대며 남의 물건을 훔치는 것은 나쁜 짓이라고 아이들을 꾸짖었다. 그 순간 아래를 내려다보는데 블라우스 네 벌이 내 팔 위에 걸쳐져 있는 모습이 보였다. 깜짝 놀라지 않을 수 없었다. 나는 신속하게 블라우스와 숫자 태그를 모두 제자리에 갖다 놓았다. 나중에 의도했든 아니든 남의 것을 훔치는 행위는 옳지 않다는 점을 아이들에게 조용히 타일렀다.

늘 주의하는 삶

아이들은 대개 부모의 기대치에 맞추어 살아간다. 따라서 알지 못하는 사이 가정에 그릇된 관습이 정착되지는 않았는지 관심을 기울여야 한다. 마치 부모가 현금 인출기라도 되는 것처럼 자녀가 원할 때마다 돈을 준다면, 그 자녀는 나중에 성인이 되었을 때 냉혹한 현실 앞에서 당황하는 사태를 겪을지도 모른다. 우리는 주의 깊은 태도로 자녀에게 서서히 인생에 대한 책임감을 심어 주어야 한다.

물론 자녀가 돈과 관련된 잘못을 저질렀다 해도 너무 가혹하게 대해서는 안 된다. 사실 우리도 그런 잘못을 한두 번쯤은 저질러 보지 않았는가? 자녀가 잘못을 저지르더라도 다음번에는 잘할 수 있도록 격려해 주어야 한다.

우리는 사전 계획을 철저히 세워 자녀가 빚에 시달리는 상황에 놓이지 않도록 해야 한다. 우리 모두가 자녀들이 장래에 경제적으로 건전한 삶을 살아갈 수 있도록 노력해야 한다.

아래의 질문들은 자녀들이 돈을 관리하는 능력을 갖추는 데 도움이 될 것이다.

- 10-10-80의 비율로 가정 경제를 이끌어 가고 있는가?
- 자녀에게 관대하게 베푸는 모습을 보여 주고 있는가?
- 돈을 안전한 곳에 보관하게 하는가?
- 용돈을 주는 날짜와 액수를 정해 놓고 있는가?
- 물건의 가치를 평가할 수 있는 안목을 가르치는가? 예를 들어 "이 물건은 얼마나 오래 갈까?", "이 물건을 손에 넣기 위해 한 달 동안 아르바이트를 할 가치가 있을까?"와 같은 질문을 던져 보게 하라.

- 자녀가 돈을 제대로 관리하지 못했을 때 스스로 모든 책임을 짊어지게 하는가?
- 신용카드 사용의 장단점을 가르쳐 주었는가?
- 이자를 계산하는 방법을 가르치고, 장기간의 저축이 경제적인 이익을 가져다준다는 사실을 깨우쳐 주었는가?
- 예산을 운용하는 방법을 가르쳐 주었는가?

초등학생이나 중학생을 자녀로 둔 경우에는 다음의 질문들을 생각해 보라.

- 자녀가 사고 싶어하는 물건의 가치를 설명해 주었는가?
- 용돈을 조금만 더 달라는 요구에 응할 때가 많은가?
- 용돈을 미리 가불해 달라는 요구에 응할 때가 많은가? 만일 그렇다면 무엇 때문에 가불을 요청하는지, 또 얼마가 필요한지를 진지하게 생각해 봐야 한다.
- 가정생활에 필요한 물건들을 사는 데 드는 비용을 생각해 볼 수 있는 기회를 주었는가?
- 자녀에게 예금 통장을 만들어 주었는가?
- 저축한 돈을 사용할 수 있는 여러 가지 방법을 말해 주었는가?
- 용돈에서 십일조를 내도록 가르쳤는가?

십대 후반의 자녀를 둔 경우에는 다음의 질문들을 생각해 보라.

- 살 물건들을 정했을 때 부모가 책임져야 할 것과 자녀가 책임져야 할 것을 구분했는가?
- 일정한 한도 내에서 스스로 옷을 살 수 있는 자유를 허락해 주었는가?
- 통장의 잔고를 생각하며 지출할 수 있도록 가르쳤는가?

chapter 3

자신을 훈련하는 법과 책임을 가르치라

헉슬리는 "논리적인 인과 관계는 바보들에게는 허수아비와 같고 지혜로운 자들에게는 횃불과 같다."[1]고 말한 바 있다. 안타깝게도 많은 부모가 자녀들에게 논리적인 인과 관계를 강조하지 않음으로써 자녀들을 자신만이 옳다고 믿는 무책임한 사람으로 만들고 있다.

그런 부모들은 학교 규정이 부당하게 느껴질 때는 물론, 커피가 너무 뜨겁다고 생각될 때도 즉시 불평한다. 그들은 사람들이 뚱뚱해지는 이유도 모두 패스트푸드 때문이라며 모든 책임을 남의 탓으로 돌린다. 다른 사람에게 책임을 전가하는 이런 태도는 일찍이 에덴동산에서 시작했다. 모두가 옳다고 주장하는 세상에서 우리 자녀를 책임 있는 삶을 살아가는 사람으로 성장시키려면 어떻게 해야 할까? 그 방법은 바로 개인의 책임과 자신을 훈련하는 법을 가르치는 것이다.

작은 시작

책임은 아침에 잠자리에서 일어나는 일에서부터 시작한다. 자녀가 초등학교 4학년 정도가 되면 자명종 시계를 마련해 주고 혼자 힘으로 아침에 일어날 수 있도록 가르쳐야 한다. 그렇게 해야 아침마다 아이를 깨우기 위해 벌이는 실랑이가 끝나고, 아이 스스로 좀 더 책임 있는 삶을 살아가게 하는 기틀이 마련된다. 자녀를 능력 있는 개인으로 대해 주어야만 자녀가 좀 더 자신감을 가지고 스스로 삶을 헤쳐 나갈 수 있다.

준비물을 챙기고, 책가방을 스스로 싸게 하는 것도 개인의 책임을 가르치는 또 하나의 수단이다. 빠진 물건은 없는지 확인해 보라고 일러 주는 것은 좋지만, 책가방을 싸는 일은 아이가 책임지게 하라.

이런 방법을 통해 행동과 거기에서 비롯하는 논리적인 인과 관계를 가르칠 수 있는 기회를 마련할 수 있다. 우리 집에는 학기당 한 번 학교까지 차로 태워다 줄 뿐만 아니라, 집안일을 면제해 주고, 준비물을 가져다 주는 특별한 날이 있다. 물론 날씨가 좋지 않을 때나 들고 갈 과제물이 많을 때는 별도로 친다. 그런 자유를 주는 이유는 누구나 가져갈 것을 잊어버릴 때도 있고, 일정에 쫓겨 다른 사람의 도움이 필요할 때도 있기 때문이다. 하지만 자유는 단 한 번뿐이다.

우리 아이들은 자유로운 날을 정해 준 뒤부터는 더 이상 집에 전화를 걸어 예외적인 상황을 호소하지 않는다. 그래 봤자 거절당할 것이 뻔하기 때문이다. 그런 규정을 정한 뒤부터 아이들은 우리가 한번 말한 것은 반드시 시행한다는 점을 깊이 인식했다. 아울러 자기 자신의 문제를 스스로 처리하는 방법을 터득하면서 자신감도 더욱 커졌다.

집안일_ 가족 모두의 책임

4장에서 집 안에서 해야 하는 일들을 좀 더 구체적으로 생각해 볼 예정이다. 여기에서는 집안일이 자녀에게 책임감을 심어 주는 데 중요한 역할을 한다는 점을 알려 주고자 한다.

아이들은 일을 별로 좋아하지 않는다. 특히 구체적인 보상이 뒤따르지 않는 일은 더욱더 하기 싫어한다. 그렇기 때문에 일을 시키면 당연히 불평을 늘어놓기 일쑤다.

가족이 함께 협력해서 일하는 것이 좋다는 식의 논리는 아이들에게 전혀 먹히지 않는다. 그러므로 단호한 태도를 보여야 한다. 주택이든 아파트든 저절로 깨끗해지지 않는다. 청소는 그 안에 살고 있는 사람들의 몫이다. 따라서 가족 모두가 집 안을 정리하고 깨끗이 하는 데 협조해야 한다. 가족 모두가 그 점을 깨닫기까지 하루에 몇 번이라도 잔소리 아닌 잔소리를 해대야 할지도 모른다.

각자의 책임을 정할 때는 자녀의 나이를 염두에 두어야 할 뿐 아니라, 주어진 일을 하지 않을 때 나타날 결과를 분명히 말해 주어야 한다. 집안일은 선택 사항이 아니라 온 가족이 준수해야 할 필수 사항이다. 자녀들이 "우리가 왜 그런 일을 해야 하죠?"라며 불평을 토로할 때는 "우리는 네 부모란다. 하나님은 부모를 공경하라고 말씀하셨어."라고 부드럽게 타이르라. 더 이상 부당하다고 투덜거리지 않는다 해도 "내가 말했으니 해야 한다."라는 태도를 고수해야 한다.

자녀에게 일의 우선순위를 분명히 주지시켜 주어야 한다. 우리는 아이들에게 학교생활이 현재로서는 가장 우선적인 일이라고 말한다. 때로 아이들이 밤늦게까지 숙제를 해야 할 경우에는 우리가 집안일을 맡아 함으로써 너무 많은 스트레스를 받지 않도록 배려한다. 하지만 조심해야 한다. 그렇지 않으면 이런저런 핑계를 내세워 집안일을 할 수 없다며 책임을 회피하는 사태가 빚어질 수 있다. 관대하게 대해야 할 때는 관대하게 대하고, 책임 있는 삶을 가르칠 때는 확실하게 가르치는 균형 있는 태도가 필요하다.

책임 있는 삶

상점에 가보면 "물건을 파손하면 구매하셔야 합니다."라는 글귀가

적혀 있는 것을 보게 된다. 가정생활에도 똑같은 규칙이 적용된다. 자녀가 누군가의 물건을 망가뜨렸거나 잃어버렸을 때는 자기 돈으로 보상하게 해야 한다. 이는 친구나 친척의 물건에 손상을 입혔을 때도 마찬가지다. 자기 돈으로 보상해야 한다고 생각하면, 단지 화가 난다고 해서 형제가 아끼는 장난감을 쉽게 때려 부수는 행동은 절대 하지 못할 것이다.

물론 자기 물건도 마찬가지다. 자기 물건을 파손하거나 잃어버렸을 때는 스스로 다시 사든지, 없이 지내든지 둘 중에 하나를 선택해야 한다. 아이들은 특히 겉옷을 아무 데나 벗어 놓고 올 때가 많은데, 물건을 잃어버렸을 때 어떤 결과가 초래되는지를 알게 되면 좀 더 신경 써서 자기 물건을 챙겨 오는 습관을 갖게 될 것이다.

우리 아들은 여름이면 북부에 사는 지인의 집을 다녀오곤 한다. 아들은 그때마다 새 신발을 신고 가는데, 이상하게도 돌아올 때면 늘 신발이 온데간데없었다. 우리는 또 그런 일이 일어나지 않도록 아들이 자기 용돈으로 신발을 사게 했다. 그 후로 우리 아들은 한 번도 신발을 잃어버린 적이 없다.

물론 아이의 잘못이 아닌데 물건이 없어지거나 손상될 때도 있다. 그럴 때는 상황을 면밀히 조사해 봐야 한다. 하지만 목표는 항상 아이에게 행동이나 소유물을 책임지는 태도를 가르치는 데 있다는 점을 잊어서는 안 된다.

사람은 누구나 애써 손에 넣은 물건에 애착을 갖는 경향이 있다. 자녀들이 원하는 것마다 다 사주고 모든 것을 너무 쉽게 허락한다면, 결코 물건을 귀하게 여기는 마음을 심어 줄 수 없다. 아이들은 부모가 기분에 겨워 사준 물건보다 스스로 주말에 아르바이트를 해서 산 물건을 더욱 소중히 여긴다.

선택 능력의 배양

아이들은 좋은 선택을 하는 법을 배워야 한다. 때로는 잘못된 선택을 통해 좋은 선택을 하는 방법을 배울 수도 있다. 자녀가 점차 성장하면 그만큼 자기 자신의 행동을 결정할 수 있는 권한을 늘려 주어야 한다. 처음에는 스스로 옷을 고를 수 있게 하고, 나중에는 시간과 돈과 여가 활동을 위한 경비를 운용하는 방법을 배우게 해야 한다. 작은 일을 자신 있게 결정하는 방법을 터득하게 되면, 나중에 큰일도 자신 있게 결정할 수 있다.

어린 자녀에게 하루에 한 번 아이스크림을 먹게 하는 상황을 이용해서도 얼마든지 선택 능력을 배양시켜 줄 수 있다. 하루에 한 번 아이스크림을 언제 먹을지를 아이 스스로 정하게 해보라. 첫날에는 아침 일찍부터 아이스크림을 달라고 할 수도 있다. 하지만 나중에 가족들이 저녁 식사 후에 각자의 아이스크림을 먹는 것을 보면 자기도 더 달라고 조를 것이 틀림없다. 그럴 때는 쉽게 물러서지 말라. 이미 스스로 선택해서 아이스크림을 먹었고, 다른 사람들은 각자 제 몫을 먹고 있다는 점을 강조하라. 그러면 다음번에 선택을 내릴 때는 좀 더 신중을 기하게 될 것이다.

이 밖에도 텔레비전 시청 시간을 하루에 한 시간으로 정해 놓을 수 있다. 어린이가 볼 수 있는 프로그램은 아무 때나 시청이 가능하지만 단 한 시간만 볼 수 있게 하는 것이다. 텔레비전 시청 시간이 끝나면 다른 일을 하게 한다. 텔레비전을 보기 전에 숙제를 먼저 해야 한다는 점을 상기시켜 준다면, 선택과 책임과 계획에 대해 더욱 많은 것을 배울 수 있을 것이다. 만일 규칙을 어기고 숙제를 하기 전에 텔레비전을 본다면 한동안 텔레비전 시청을 금하는 벌칙을 줄 수도 있다.

선택에는 좋든 나쁘든 결과가 뒤따른다. 일상생활을 하다 보면 선택이 필요한 여러 가지 일이 발생한다. 따라서 우리는 올바른 선택을 할 수 있는 방법을 자녀에게 가르쳐야 한다. 작은 선택에서부터 천천히 시작해 좀 더 큰 선택으로 발전시켜 나가라.

시간 관리

시간 관리는 개인의 책임을 구성하는 또 하나의 요소다. 집안일을 하거나 아침에 잠자리에서 일어나는 일도 시간 관리에 해당한다. 하지만 시간 관리가 특별히 필요한 분야는 바로 학교 숙제다.

　숙제 가운데는 상당한 창의력을 요하는 것들이 있다. 교사들은 대개 그런 숙제를 내줄 때는 충분한 시간을 준다. 제출일을 코앞에 두고 밤늦게까지 숙제에 매달리지 않으려면 미리부터 조금씩 계획하고 생각해야 한다. 아이들은 대부분 하루에 조금씩 숙제를 해결해 나가려고 하지 않는다. 제출일을 하루 앞두고 밤을 새며 정신없이 과제물을 끝마치려고 하다가 결국에는 제풀에 지쳐 떨어져 '미리부터 해두었더라면 좋았을 텐데…….' 하고 후회하는 것이 보통이다.

　그러면 부모는 이 문제를 어떻게 도와줄 수 있을까? 자녀가 초등학생이라면 과제물 제출일을 매일 상기시켜 주고, 중학생이나 고등학생이라면 일주일에 두세 번 정도 알려 주는 것이 좋다. 또한 과제물을 분할해 달력에 날짜를 표시해 두고 정기적으로 진척 상황을 점검하는 방법을 사용할 수도 있다.

　때로 아이들은 과제물의 양에 질려 그만 속수무책일 때도 있다. 그럴 때는 어디서부터 어떻게 시작해야 할지 엄두를 내지 못한다. 하지만 어떤 이유로든 숙제를 하지 않거나 제출일 하루 전날 밤에 울면서 숙제를 포기하더라도 절대로 대신 해주어서는 안 된다. 부모는 옆에서 돕거나 격려해 주는 것으로 족하다. 새벽 2시에 아이는 잠을 자고, 부모만 홀로 깨어 열심히 풀칠을 하거나 타이핑을 해주어서는 아무런 교육도 이루어질 수 없다.

나도 그런 일을 한번 해보다가 실망스럽기도 하고 피곤하기도 해서 "그만두자. 이것은 내 일이 아니야. 숙제를 대신 해주면 결국 아이에게 책임을 회피하는 법을 가르치는 것밖에는 되지 않아."라고 말하며 중단한 적이 있다.

중학교에 다닐 무렵, 우리 아이들은 스스로 타이핑을 했다. 요즘 타이핑은 일생을 살아가는 데 반드시 필요한 기술이다. "물고기를 잡아주면 하루를 살게 할 뿐이지만, 물고기를 잡는 법을 가르쳐 주면 일평생을 살게 할 수 있다."라는 옛 격언이 여기에도 해당된다.

숙제 제출일과 관련된 문제를 해결하고자 할 때 나는 "당신이 계획을 철저히 세우지 못해서 생긴 긴급한 상황을 나에게 떠넘겨서는 안 된다."라는 비즈니스 세계의 모토를 이용했다. 나는 우리 아이들에게 도서관이나 재료를 구할 가게에는 얼마든지 데려다 주겠다고 했다. 하지만 내가 제출일 하루 전날 밤에 대신 숙제를 해줄 것이라고 기대한다면 그것은 큰 오산이다. 아이들이 나의 시간과 일정도 마땅히 존중하도록 가르쳐야 한다. 이런 이유에서 나는 아이들에게 나의 직접적인 도움을 바라지 말고 미리미리 계획을 세우라고 강조한다.

일찍부터 아이들에게 시간을 잘못 관리하면 곤란한 상황에 빠질 수밖에 없다는 점을 일깨워 주어야 한다. 그래야만 앞을 멀리 내다보고 살아가는 법을 가르칠 수 있다. 지금 당장 좋은 성적을 얻지 못하더라도 실수를 통해서 다음번에는 좀 더 계획적으로 숙제하는 법을 터득하게 해야 한다. 그래야만 나중에 부모가 자기를 도와줄 것을 기대했다가 막상 위기의 순간에 도움을 얻지 못하고 직장에서 쫓겨나는 신세를 면할 수 있다.

가정의 일정

물론 일이 코앞에 닥쳐야만 서두르는 우리 아이들에게 미리미리 계획을 세워야 한다는 말이 그리 탐탁하게 들릴 리 없다. 아이들은 "엄마, 왜 쇼핑몰에 가야 할 일을 2주 전에 계획해야 하죠?"라고 투덜거린다.

우리 집 냉장고에는 자석이 달린 커다란 달력이 붙어 있다. 아이들이 그런 질문을 할 때면 나는 그에 대한 답변으로 달력을 점검해 보고 언제 쇼핑몰에 갈 수 있는 있는지 말해 달라고 한다. 달력에는 2주 동안의 일정이 빼곡하게 채워져 있다. 아이들은 그제야 비로소 내가 달력을 보라고 말했던 이유를 알게 된다.

하지만 온갖 일정으로 빼곡히 채워져 있는 달력은 우리가 시간을 어떤 식으로 보내고 있는지를 다시 생각해 봐야 할 때가 되었다는 신호다. 부모가 직장 일이나 교회 봉사 등으로 늘 분주한 탓에 아이들이 부모의 얼굴을 볼 시간이 없다면 지나치게 바쁜 일상을 보내고 있다는 증거다. 아이들은 부모가 시간을 어떻게 보내고 있느냐를 보고 무엇을 가장 중요하게 생각하는지를 판단한다. 그러면서 부모가 자신들을 과연 얼마나 중요하게 생각하고 있는지를 추측한다.

진 러시도 일과 자녀 양육의 문제 사이에서 지나치게 분주한 일정 때문에 심한 갈등을 겪어야 했다. 그녀의 말을 들어 보자.

"결국 저는 좋은 엄마가 되지 못했던 저 자신을 뉘우쳐야 했어요. 요즘에는 저 자신은 물론 다른 부모들에게도 집 밖에서 이루어지는 활동에 얼마만큼의 시간을 할애하고 있는지를 면밀히 생각하라고 요구하곤 해요. 과연 절대적으로 필요한 활동인지, 아니면 다음 기회로 미루어도 될 일인지를 판단해야 하죠. 일의 중요성에 따라 시간을 올바로 할애하고 있는지를 생각해 봐야 해요." 2)

그녀의 마지막 말 한마디가 내 마음에 깊이 와 닿았다. 부모가 지나치게 할 일이 많다 보면 피곤하기 마련이고, 그러다 보면 식구들에게 소리를 질러 댈 수밖에 없다. 그것은 별로 보기 좋은 모습이 아니다. 그런 때는 한 걸음 뒤로 물러나서 우리가 하고 있는 활동을 곰곰이 살펴봐야 한다.

벤이 여섯 살이 되었을 무렵이다. 그날은 취업 면접이 잡혀 있었다. 몇 년 동안 일을 하지 못했던 나는 다시 직장에 나가야 하는 것이 몹시 부담스러웠다. 어린아이들은 부모가 바쁘게 서두르면 서두를수록 더 느릿느릿 움직이는 특성이 있다. 나는 10초에 한 번씩 시계를 쳐다보면서 두 아이에게 옷을 챙겨 입히고 먹을 것을 준 뒤 서둘러 차에 태웠다.

그렇게 정신없이 서두르고 있는데 벤이 느닷없이 동작을 멈추고 허리에 주먹 쥔 양손을 올려놓더니 "엄마, 엄마한테는 저를 다정하게 대하는 것과 제시간에 가는 것 중에 뭐가 더 중요하세요?"라고 물었다.

벤의 말이 마음 깊이 파고들었지만 나는 여전히 서둘러야 했다. 일분일초가 흐를수록 그만큼 더 늦어질 수밖에 없었다. 시계를 쳐다보지 않고 면접을 포기하고 싶은 마음이 간절했지만 나는 그렇게 하지 못했다. 나는 숨을 한번 크게 들이쉰 후 "벤, 엄마는 너를 너무 사랑한단다. 너를 다정하게 대해 주는 것이 물론 중요해. 하지만 지금처럼 엄마가 늦었을 때는 시키는 대로 해줘서 나를 돕는 것도 중요한 일이란다."라고 말했다.

나는 그날 몇 가지 귀중한 교훈을 얻었다. 우선 가정의 분위기가 내게 달려 있다는 사실이었다. 내가 피곤하면 가족 모두가 피곤해진다. 나는 우리 가족이 그런 식으로 살기를 원하지 않는다. 또한 당시의 경험은 늦었다는 이유를 내세워 내가 사랑하는 가족을 함부로 대할 수는 없다는 점을 깨닫게 해주었다. 내 편에서 먼저 시간을 잘 관리하는 것이 무엇보다 중요하다. 내가 할 수 없는 일을 다른 가족에게 가르칠 수는 없는 노릇이기 때문이다.

일정의 선택

시간은 한정되어 있다. 따라서 선택이 불가피하다. 모든 것을 다 할 수 있는 사람은 아무도 없다. 우리는 자녀에게 거절하는 방법을 가르쳐야 한다. 부모가 자녀와 함께 시간을 보내기 위해 다른 사람의 요구를 거절하는 모습을 처음 보는 순간 아이들의 표정에 어떤 변화가 일어나는지 살펴보라. 그 간단한 한마디가 '내가 엄마, 아빠에게 얼마나 소중한 존재일까?'라는 자녀들의 인식에 큰 영향을 미친다.

기독교인들은 거절하기를 어려워한다. 세상에는 도움의 손길을 바라는 안타까운 일들이 너무나도 많다. 그런 상황에서 어떻게 거절할 수 있단 말인가? 하지만 솔직히 말해서 그런 태도에는 은연중에 교만한 마음이 도사리고 있을 수도 있다. 우리는, 우리가 하지 않으면 아무도 할 사람이 없다고 하면서 도움을 요청해 오는 이들의 말을 쉽게 믿곤 한다. 그런 경험이 있는가? 나는 있다.

교만한 마음과 죄책감, 가능한 한 모든 요구에 응할 도리밖에 없다는 심정이 한데 어우러져 나의 결정에 영향을 미친다. 나는 선한 의도로 도움을 요청하면서 나를 곤란한 지경으로 몰아넣는 사람을 만날 때를 대비해 내 책상에 다음의 인용문을 적어 놓았다.

"모든 필요가 소명은 아니다. 시간을 짜내 한 가지 일을 더 하는 것이 좋을지 고민스러울 때는 하지 않는 편이 낫다."3)

자녀들에게 이 점을 인식시키려면 계절별로 한 가지 스포츠나 특별 활동에만 집중하게 해야 한다. 남편과 나는 연말이면 한 해 동안 해왔던 교회 활동을 평가하면서 내년에 할 수 있는 일과 할 수 없는 일을 결정하곤 한다. 그랬더니 가족의 일정에 지장을 초래하는데도 누군가가 무엇을 요구했을 때, 안 하면 안 될 것 같은 죄책감 때문에 나도 모르게 응하는 일을 피할 수 있었다.

사실 한 가지 일을 받아들이면 다른 일은 하지 못하게 된다. 시간은 한정되어 있기 때문이다. 가족들과 한 번도 얼굴을 맞대고 식사할 기회가 없었다고 말하는 부모들을 보면 참으로 걱정스럽다. 자녀 셋이 각자 두 가지 이상의 특별 활동을 할 경우에는 부모는 그야말로 정신없이 바쁠 수밖에 없다. 결국 가족 개개인의 요구와 가족 전체의 행복 중에 어느 것을 선택할 것인가 하는 문제에 봉착하게 되는 것이다.

온 가족이 함께하는 시간을 확보하려면 한계를 정하는 것이 좋다. 자녀에게 가정의 소중함을 일깨워 주어야 한다. 하지만 가족들이 항상 분주하게 돌아다니기만 하면 절대로 가정의 소중함을 알 수 없다.

어떤 활동을 시작하든지 중도에서 그만두는 사태가 빚어지지 않도록 처음부터 신중하게 생각하고 결정할 수 있도록 가르쳐야 한다. 그래야만 성실한 인격이 배양된다.

스카우트 활동이든, 스포츠 활동이든, 또는 그 밖의 어떤 활동을 하든 중도에서 그만두는 일이 빚어질 수 있다. 그런 경우 이유는 대략

세 가지다. 첫째는 더 이상 재미를 느끼지 못하기 때문이고, 둘째는 지루한 느낌을 받기 때문이고, 셋째는 시간이 많이 낭비되기 때문이다. 대개 너무 피곤하기 때문에 그런 일이 발생한다. 어떤 스포츠 활동은 소화해 내기가 매우 버겁다. 그럴 때는 하룻밤 정도는 연습을 그만두고 휴식을 취하게 하는 것이 좋다. 하지만 늘 그래서는 안 되고, 지극히 예외적인 상황에만 국한해야 한다.

우리 아이들도 둘 다 스포츠 팀에서 활동해 왔다. 그러다가 피곤에 지쳐 녹초가 되면 도중에 그만두겠다고 투덜거렸다. 처음에는 좋아서 스포츠 팀에 가입했다가 도중에 흥미를 잃고 탈퇴하겠다고 말했던 적도 있었다. 하지만 우리는 자기 자신의 말에 책임을 져야 할 뿐 아니라, 팀 전체를 생각해 끝까지 충실해야 한다고 강조했다. 아이들은 자신들이 선택한 스포츠 활동을 시즌이 끝날 때까지 마무리 지은 다음 그 후에 다시 선택하지 않았다.

다른 가정들은 우리처럼 하는 것 같지는 않다. 한 학생은 축구팀에 가입해 처음에는 연습과 경기에 열심을 내더니 어느 날 갑자기 모습을 보이지 않았다. 한마디 설명도 없이 종적을 감춘 것이다. 당시 코치였던 나는 그가 그만둔 이유가 미식축구를 하기 위해서였다는 사실을 나중에서야 알게 되었다. 그 학생도, 그의 부모도 내게 그 이유를 설명해 주지 않았다.

자녀의 특별 활동을 적절히 규제해도 그들에게 아무런 피해가 가지 않는다. 오히려 삶의 우선순위를 결정할 수 있는 판단력이 향상되고, 가족과의 관계가 중요하다는 점을 일깨워 줄 수 있다.

아울러 가족들의 일정에는 예상하지 않았던 즐거움을 가져다 줄 수 있는 여가 시간이 고려되어야 한다. 가끔씩은 온 가족을 데리고 공원에 가서 함께 즐기는 시간이 필요하다. 공놀이를 해도 좋고, 한가롭게 거닐어도 좋다. 많은 자녀 교육 전문가가 자녀들과 함께 '귀중한 시간'을 보낸다는 것은 가급적 많은 시간을 함께하는 것을 의미한다고 말하고 있다. 아무것에도 방해받지 않고 서로 오랜 시간을 함께 지내다 보면 피상적인 대화의 수준을 뛰어넘어 좀 더 깊고 친밀한 대화가 오갈 수 있는 관계가 형성된다.

언젠가는 우리 자녀들도 각자 자신의 가정을 꾸리게 될 것이다. 그들이 나중에 자기 자녀들과 함께 보내는 시간을 무엇보다 소중하게 여길 것인지 아닌지는 지금 우리가 그들과 함께 얼마만큼의 시간을 보내느냐에 달려 있다.

다음의 질문들을 생각해 보면 자녀에게 개인의 책임과 자신을 훈련하는 법을 가르치는 데 도움이 될 것이다.

- 자녀에게 집 안에서 해야 할 책임을 부과했는가?
- 하루에 해야 할 일이나 일주일간 해야 할 일에 대해 마감 시간을 정해 주었는가?

- 마감 시간을 지키지 못할 때는 어떻게 하는가?
- 한번 하겠다고 말한 것은 반드시 이행하는가?
- 약속한 일을 성실하게 수행하는 모습을 보여 주고 있는가?
- 단체 활동 시 열심히 참석하는 모습을 보여 주고 있는가?
- 가족의 일정을 기록한 계획표가 있는가?
- 자녀가 물건을 망가뜨리거나 잃어버렸을 때 누가 보상 책임을 지는가?
- 혹시 너무 많은 활동을 하고 있다는 인상을 주고 있지는 않은가?
- 어떤 일에 항상 분주하며, 불평을 말하고 있지는 않은가?
- 나의 일정에서 제외해도 괜찮은 활동은 무엇인가?

초등학생이나 중학생을 자녀로 둔 경우에는 다음의 질문들을 생각해 보라.

- 아침에 스스로 잠자리에서 일어날 수 있게 하는가?
- 내가 지시한 대로 방을 깨끗하게 유지하는가?
- 집 안에서 해야 할 책임을 다하지 않았을 때 어떻게 하는가?
- 주어진 일을 하지 않았을 때는 책임 추궁을 제대로 하고 있는가?
- 자녀가 등교 시간에 늦지 않도록 집을 나서는가? 만일 그렇지 않을 경우에는 그로 인한 결과를 스스로 책임질 수 있게 하는가?
- 숙제를 도와달라고 할 때마다 응하는가?

- 자녀가 참여하는 특별 활동의 가짓수를 제한하고 있는가?
- 자녀와 시간을 온전히 함께 보낸 적이 언제인가?

십대 후반의 자녀를 둔 경우에는 다음의 질문들을 생각해 보라.

- 자녀가 스스로 올바른 선택을 할 수 있는가?
- 올바른 선택을 할 수 있는 방법을 알려 주는가?
- 옳지 못한 결정으로 인해 발생한 결과를 잘 극복할 수 있도록 도와주었는가?
- 자녀가 특별 활동을 중도에 그만두고 싶어할 때 어떻게 대응할 것인가?
- 자녀에게 시간 관리를 잘하는 모습을 보여 주고 있는가?
- 가족의 일정을 기록한 계획표에 온 가족이 각자의 일정을 표기하고 있는가?
- 이번 주에는 자녀와 얼마만큼의 시간을 함께 보냈는가?

chapter 4
생활 기술을 가르치라

　나는 손가락 하나 까딱하지 않아도 누군가가 우리 집을 항상 깨끗하게 정리해 주면 얼마나 좋을까 하고 상상하곤 한다. 하지만 아침에 눈을 뜰 때면 그런 일은 절대로 일어날 수 없다는 사실을 거듭 깨닫곤 한다. 앞으로 천년이 지난다 해도 그런 일은 절대로 일어나지 않을 것이다. 이런 이유로 나는 가족들에게 우리의 힘으로 집을 깨끗이 유지해야 한다는 점을 강조한다(우리 집을 방문하는 사람들도 예외가 아니다). 모두가 자기가 어지럽힌 것은 자기가 처리해야 한다.

　나는 냉장고에 다음과 같은 글귀를 붙여 놓았다.

　"내가 요리하는 대로 먹고, 내가 사주는 대로 입고, 내가 설거지를 하면 잘

치워 놓고, 내가 청소를 하면 청결을 유지하고, 내가 잘 시간이라고 말하면 곧바로 잠자리에 들고, 내가 거절하면 이유를 묻지 마라. 왜냐하면, 나는 너희의 엄마니까."

어느 날, 벤의 친구가 우리 집에 놀러 왔다가 그 글귀를 보게 되었다. 글을 읽던 벤의 친구는 점점 눈망울이 커졌다. 그는 "벤, 우리 엄마는 저런 글귀를 써 붙여 놓지 않으셔서 정말 다행이야."라고 말했다. 나는 빙긋이 웃으면서 "네 엄마도 얼마든지 그렇게 하게 할 수 있지."라고 말했다.

그 아이의 엄마와 나는 매우 친한 사이였다. 나는 그녀에게 전화를 걸어 내가 써 붙인 글귀를 읽어 주었다. 그러자 그녀는 "그거 기막힌 생각이네. 나도 하나 써서 붙여야겠어."라고 말했다.

나는 그 글을 좋아한다. 왜냐하면 그 말 안에 자녀 양육에 필요한 권위, 기대, 존중의 의미가 모두 함축되어 있기 때문이다. 지금은 우리 자녀들이 그것을 달갑게 여기지 않을 것이다. 하지만 부모의 권위를 존중하고 부모의 지시를 따른다면(특히 집안일과 관련된 지시) 중요한 부산물, 즉 살아가는 기술을 습득할 수 있다. 생활의 기본을 완전히 습득하면 자녀들이 장차 둥지를 떠나 스스로 살아가는 데 큰 도움이 된다. 자녀에게 생활의 기본을 가르칠 수 있는 사람은 부모밖에 없다.

부모가 할 일

집안일이 그렇게 중요한지 궁금해하는 부모들이 있다. 굳이 자녀들에게 그런 일을 시킬 필요가 있느냐는 것이다. 사실 그런 일을 시키면 오히려 부모가 해야 할 일이 많아지는 것처럼 보인다. 하기 싫다며 툴툴거리는 자녀들을 상대해야 하기 때문이다. 너무 피곤해서 그런 불평과 푸념에 귀를 기울일 여력조차 없는 부모가 많다. 더군다나 자녀들이 시킨 일을 완벽하게 해내지 못하면 부모가 그 일을 다시 해야 한다. 이런 이유로 많은 부모가 그런 귀찮은 일을 굳이 할 필요가 있느냐고 묻곤 한다.

하지만 쉬운 길이 최상의 길은 아니다. 긴 안목으로 보면 더욱 그렇다. 진 러시는 한곳에서 오랫동안 일하지 못하고 중도에 직장을 그만둔 실직자들을 상대로 조사를 하면서 그들의 공통점을 발견했다. 그녀의 말을 들어 보자.

"이 남성들은 자라면서 집안일을 하라고 요구받은 적이 없었다. 다시 말해 그들은 집안일을 효율적으로 책임 있게 수행하는 훈련을 받지 못했다."[1]

생각해 보자. 집안일을 하는 법을 가르치는 것보다 장래 직업을 위한 훈련으로 더 좋은 방법이 있을까? 집안일에 나름대로 기여하며 함께 가정생활을 꾸려 나가는 방법을 배울 때 자녀들은 자기중심적인 태도를 버리고 소속감과 성취감을 느낄 수 있다.

　자녀에게 집안일을 하라고 하면 당장 "왜 내가 그 일을 해야 하죠? 그것은 엄마, 아빠의 일이잖아요."라는 항변에 직면할 수 있다. 특히 지금까지 한 번도 그렇게 지시한 적이 없는 경우에는 더욱더 큰 반발에 부딪힐 가능성이 높다.

　우리 가족의 경우에는 아이들이 어렸을 때부터 "너희는 집안일을 도와야 해. 왜냐하면 이 집에 살고 있기 때문이야. 집안일을 하는 것은 우리 모두의 책임이란다. 나도 과거에 그렇게 했고, 이제는 너희가 그렇게 하는 법을 배워야 할 때야. 언젠가는 내가 이곳에 있으면서 너희를 위해 집안일을 해줄 수 없는 때가 올 거야."라고 가르쳤다.

　반발심은 나이가 들수록 더 심해지는 듯하다. 하지만 우리는 여전히 순종을 요구한다. 우리는 "의견을 묻거나 제안하는 것이 아니야. 다만 그 일을 하는 방법을 말해 줄 따름이다. 네가 싫어할 줄 알지만 어쨌든 해야만 해. 그 일에 대해 어떤 태도를 보이든 그것은 너 자신이 선택해야 할 문제야."라고 잘라 말한다.

　자녀들은 집안일을 하면서 자신이 원하는 것을 얻으려면 일을 해야 한다는 사실을 스스로 깨닫게 된다. 자녀들이 어떤 물건을 가장 소중하게 여기는지 생각해 보라. 누군가가 선물로 준 물건과 자기 자신의 노력으로 산 물건 중에 과연 어느 것인가? 우리는 어려서부터 열심히 일해야만 원하는 것을 얻을 수 있다는 교훈을 깊이 심어 주어야 한다.

사후 점검

부모는 다양한 역할을 해야 한다. 자녀에게 집안일을 지시할 때는 감독자와 품질 관리사라는 두 가지 역할을 동시에 수행해야 한다. 부모는 자녀의 일을 감독하고 점검해야 할 책임이 있다. 부모는 지시한 대로 모든 일이 잘 처리될 수 있도록 도와주는 감독자다.

집안일을 시킬 때는 마감 시간을 정해 주어야 한다. 이는 자녀들을 독촉해 지시한 일을 신속히 끝마치게 하기 위해서다. 지시한 일을 다 하지 못하면 나가서 놀 수 없다고 말해 보라. 그러면 아마도 발바닥에 불이 나도록 신속히 움직여 일을 할 것이다. 눈 깜짝할 사이에 일을 마치고 "엄마, 나갔다 올게요."라고 말하며 문밖으로 바람처럼 사라질지도 모른다.

그런데 자녀에게 집안일을 지시해도 지시한 일이 제대로 되어 있지 않은 것이 보통이다. 침대는 잘 정돈되어 있을지 몰라도 옷이나 장난감은 여기저기 쑤셔 박혀 있고, 싱크대와 욕조는 깨끗하지만 변기는 지저분한 채로인 경우가 많다. 일 처리는 신속했지만 결과가 완벽하지 않다.

그러면 어떻게 해야 할까? 그런 문제가 다시 일어나지 않게 하려면 사후 점검이 필요하다. 즉, 검사를 통과하기 전에는 지시한 일을 다 끝낸 것이 아니라고 분명히 못 박아야 한다. 검사를 통과하지 않으면 놀 수 없다는 원칙을 주지시켜야 한다. 그러려면 부모가 미리 생각하고 있다가 일이 끝났을 때 실제로 검사를 실시해야 한다.

검사를 할 때는 약간의 유머가 필요하다. 또한 잘못된 일이 있더라도 부드럽게 타일러야 한다. 그래야만 서로의 감정이 대립되는 사태를 예방할 수 있다. 우리는 종종 "너는 지금 한 것보다 더 잘할 수 있어. 너는 최선의 노력을 다하지 않았구나. 가서 다시 해라. 그때 다시 와서 보겠어."라고 말하곤 한다.

자녀가 한 가지 일만 제외하고 다른 일은 모두 잘해 놓았다면 잘한 일부터 칭찬해 주고 마지막에 잘못된 일을 지적하는 것이 좋다. 처음부터 잘하지 못한 일을 지적하면 역효과가 나기 쉽다.

자녀가 나이가 들수록 통과 기준도 더 높아지기 마련이다. 일곱 살 난 자녀의 통과 기준과 십대 자녀의 통과 기준은 엄청난 차이가 있다.

지시한 일을 잊어버리는 경우

어린 자녀들도 성인들처럼 들을 것만 듣고 기억할 것만 기억하는 특성이 있다. 예를 들면, 쇼핑몰에 함께 데려가겠다는 약속은 분명히 기억하는데, 개에게 먹이를 주라는 지시는 잊어버린다. 사실 우리는 우리에게 중요한 일만을 기억하기 마련이다. 아이들은 일을 싫어하기에 충분한 이유가 없으면 허드렛일을 기억하지 않는다. 아이들에게 이유를 설명하는 것이 부모의 일이다. "어머, 깜빡했어요."라고 말할 때마다 우리는 아이들이 누리는 권리를 빼앗아 그와 같은 기억 상실에 경종을 울려야 한다.

우리 아이들은 매달 한 번씩 개를 목욕시키고, 자동차를 닦아야 한다. 우리는 아이들이 일을 어떤 식으로 나누어 하든지 개의치 않는다. 하지만 월말이 되면 자동차와 개, 둘 다 깨끗해야 한다. 아무도 그 두 가지 일을 하는 것을 좋아하지는 않는다.

우리는 아이들의 불평은 물론, 깜박 잊고 하지 못했다는 변명을 차단하기 위해 엄격한 규정을 정해야 했다. 우리는 그 일이 마감 시간까지 제대로 되어 있지 않으면 다 할 때까지 어느 곳에도 갈 수 없고, 다른 일도 할 수 없다고 못 박았다. 전화도 걸지 못하고, 텔레비전도 볼 수 없고, 비디오 게임도 할 수 없고, 밖에 나가 친구들과 함께 놀 수도 없다. 일이 완료될 때까지는 모든 권리가 일시적으로 없어진다. 그런데 그렇게 하고 나니 아이들의 기억력이 놀랍게 향상되었다.

내 친구 중에는 아이들이 지시한 일을 제대로 하지 않았을 때, 일을 다시 처리하게 하고 벌금까지 부과해 아이들의 기억력을 향상시키려고 하는 친구도 있다.

아이들에게 일을 맡기고, 또 그 일을 잘 해낼 수 있도록 가르치면 훗날 직장 일을 하거나 어려운 일에 직면했을 때 자신감을 갖게 할 수 있다. 집에서 잘못된 일을 다시 해보는 훈련을 하다 보면 실패를 극복하는 방법을 터득하게 되어 인내심을 갖고 열심히 노력하는 삶을 살아갈 수 있다.

자녀들에게 집안일을 가르치는 일은 결코 만만한 일이 아니다. 아이들이 지시한 일들을 깡그리 잊어버린 듯이 행동할 때면 부모 편에서 더욱더 많은 노력이 필요하다. 온 집 안 여기저기 불을 켜 두고, 옷가지를 이곳저곳에 널어 놓고, 지시한 일은 하나도 하지 않고……. 아이들이 이런 행동을 할 때는 다시금 지시 사항을 분명히 하는 한편, 일종의 훈련을 시행하고 있다는 점을 명심해야 한다. 즉, 한번 말한 것은 반드시 행할 뿐 아니라 가정의 규칙은 변함없다는 사실을 다시 주지시켜 주어야 한다.

세탁하는 방법 가르치기

대학에 진학했을 때의 일이다. 기숙사에서 남녀를 불문하고 많은 학생이 세탁을 어떻게 하는지 모르는 모습을 보고 참으로 어안이 벙벙했다. 그들은 집에서 한 번도 세탁을 해본 적이 없었다. 자녀가 고등학교에 다닐 무렵이면 자기 옷은 스스로 빨아 입도록 해야 한다.

그러려면 일찍부터 물밑 작업이 필요하다. 어렸을 때부터 가족들의 세탁을 돕게 하는 것이다. 우리는 아이들이 초등학교에 다닐 무렵에는 자신의 세탁물을 정해진 곳에 갖다 놓게 했고, 중학교에 다닐 무렵에는 세탁물을 개어 치워 놓게 했다. 지금은 처음부터 끝까지 스스로 모든 것을 책임지고 있다. 이런 식으로 하면 집안일로 인한 스트레스가 훨씬 줄어든다.

딸아이가 자기 양말 하나 빨아 신지 못한다면 그것은 과연 누구의 잘못인가? 마땅히 혼자 할 수 있도록 가르쳐야 한다. 이것은 옷가지의 색깔을 구별하고 세탁물의 온도를 선택하는 일 이상의 의미를 지닌다. 즉, 스스로 세탁을 하다 보면 일주일이나 하루 중 언제 시간을 내어 세탁을 할 것인지를 생각함으로써 어떤 일을 사전에 계획하는 습관을 기를 수 있다.

집안일은 남녀가 평등하게

자녀들에게 집안일을 맡길 때는 인습에 얽매여서는 안 된다. 아들이든 딸이든 구분하지 말고 식탁 차리는 법, 설거지하는 법 등을 알려 주어야 한다. 청소기를 사용하는 법, 집 안의 먼지를 제거하는 법, 옷을 다리는 법, 바닥을 청소하는 법, 화장실을 청소하는 법 등도 가르쳐 주어야 한다. 못질을 하고, 커튼을 갈고, 전구를 가는 법 등도 알려 주어야 한다. 내가 알고 있는 어떤 부부는 남편과 아내 할 것 없이 부부가 같이 요리와 집 안 청소를 한다.

요즘 사람들은 결혼이 늦다. 딸도 결혼하지 않을 수 있고, 아들도 집안일을 해줄 아내를 구하지 못할 수도 있다. 따라서 아들이나 딸이나 집안일을 고루 할 줄 알아야 한다.

우리 부부가 결혼할 당시 남편은 38세였다. 남편은 나보다 훨씬 더 옷을 잘 다렸다. 나는 지금도 옷 다리기를 싫어하지만 어떻게 하는지는 잘 알고 있다.

애완동물 돌보는 일

애완동물을 키우는 일은 매우 민감한 사안이다. 가정에서 애완동물을 키운다면 가족 모두가 서로 도와야 한다. 자녀가 어리다면 물고기를 키우는 일부터 시작하라고 권하고 싶다. 물고기는 값도 저렴하고, 만약 죽는다면 처리하기도 비교적 쉽기 때문이다.

내 친구 산타마리아는 딸이 일곱 살, 아들이 다섯 살 때 집에서 금붕어를 키우기 시작했다고 한다. 아이들은 작은 금붕어를 지켜보며 즐거워했다. 그로부터 나흘 뒤, 아이들이 잠자리에 들고 나자 금붕어 한 마리가 배를 허옇게 뒤집은 채 운명을 달리하는 사태가 빚어졌다.

어떻게 해야 할까? 그들 부모는 고민에 빠졌다. 아이들에게 죽음에 대해 설명하고, 죽은 금붕어를 물가로 가져가 장사를 지내 주어야 하나 싶은 생각이 들었기 때문이다. 하지만 친구 부부는 생각을 바꾸었다. 친구의 남편은 자정이 다 된 시간, 근처의 마트에 가서 금붕어를 사다가 죽은 금붕어와 바꾸어 놓았다. 다행히도 아이들은 그 사실을 눈치채지 못했다.

개나 고양이는 자녀가 어느 정도 나이가 들어 돌볼 능력이 있기 전에는 키우지 않는 것이 좋다. 내 조카는 우리 개를 처음 본 순간 그만 사랑에 빠지고 말았다. 그때부터 조카는 코니 숙모와 해리 삼촌을 보러 가자고 말하는 대신 섀도우리 개 이름를 보러 가자고 조르기 시작했다.

어느 날 우리 집에 왔다가 간 뒤 조카 형제는 개를 사달라고 조르기 시작했다. 시누이는 "집에는 이미 내가 돌봐야 할 두 아이와 두 마리의 고양이가 있단다. 그런데 또 보살핌이 필요한 것을 집 안에 들일 수는 없어."라고 단호히 거절했다. 현명한 처신이었다. 아이들이 개를 돌볼 능력이 없으면 키우지 않는 것이 좋다. 아이들에게 개를 돌보라고 시켰는데, "어머, 깜빡했어요."라고 변명하면 부모가 어쩔 수 없이 한밤중에 개를 데리고 산책을 나가야 하는 불상사가 일어날 수밖에 없다.

아이가 열 살 정도면 개의 몸집이 그리 크지 않을 경우 함께 산책을 나가게 할 수 있다. 섀도는 무게가 20킬로그램 남짓 나가는 잡종견인데, 산책하려고 자동차에 태울 때면 나를 넘어뜨릴 정도로 힘이 세다. 열 살 때 우리 아들은 어느 날 개와 함께 산책을 나갔다가 매우 화가 나서 집에 돌아왔다. 섀도가 언덕 아래의 호수를 향해 달렸는데 멈춰 세울 수가 없어서 함께 호수에 빠졌다고 했다. 아이가 통제하기 어려운 개일 경우에는 이런 일이 일어날 수 있으니 주의해야 한다.

애완동물은 집 안을 더럽히기도 하고, 여러 가지 유지 비용도 든다. 하지만 많은 즐거움을 안겨 줄 뿐 아니라, 자녀들에게 자신 외에 다른 것에 대한 책임감을 심어 줄 수 있는 좋은 기회를 제공하기도 한다. 처음부터 애완동물을 돌봐야 할 책임을 자녀들에게 확실히 강조하고, 그 뒤에도 거듭 그 점을 상기시켜 주는 노력이 필요하다.

우리 집에서는 저녁 식사를 할 때 섀도의 밥그릇이 비어 있는 것을 보면 아이들이 먹이를 주었는지 반드시 확인한다. 아이들이 먹이를 주지 않았다고 대답할 때는 우리가 식사하기 전에 즉시 먹이를 주라고 지시한다. 섀도의 기본적인 욕구를 충족시켜 주는 것은 녀석을 위해 우리가 짊어져야 할 최소한의 책임이다.

집안일의 변화

매달 똑같은 집안일만 하다 보면 싫증이 나기 쉽다. 우리는 그런 상황을 예방하기 위해 2주 간격으로 집안일 당번을 바꾸곤 한다. 냉장고에 각자 해야 할 일을 적은 종이를 붙여 놓고 실수가 없게 하기 위해 달력에 날짜를 모두 표시해 놓는다. 그런 식으로 해온 지가 벌써 여러 해가 지났다. 지금까지는 별 탈 없이 모든 것이 잘 진행되었다.

한 아이는 토요일마다 부엌에 있는 쓰레기통을 비롯해 집 안에 있는 쓰레기를 모두 내다 버리는 일을 맡고 있다. 물론 재활용이 가능한 물건이 있으면 따로 분류하고, 쓰레기통마다 새로운 비닐봉지를 씌우는 일도 그 아이의 몫이다. 다른 아이는 식기세척기와 설거지통 옆에 있는 식기 건조대를 깨끗이 비우고, 일주일에 한 번 화장실을 청소하고, 매일 아침 개에게 먹이 주는 일을 맡는다.

두 아이 모두 일주일에 한 번 집 안팎의 각종 허드렛일은 물론, 한 달에 한 번 자동차 세차와 개 목욕을 맡아 처리해야 한다(아이들이 세차를 해야 하는 이유를 다시 알고 싶어할 때마다 "너희를 태우고 마을 여기저기를 돌아다니잖니."라고 설명하곤 한다).

아이들이 지금보다 어렸을 때는 각자가 해야 할 일을 늘 상기시켜 주곤 했다(아이들은 그런 내 말을 '잔소리'로 여겼다). 하지만 지금은 굳이 상기시켜 주지 않아도 맡은 일을 스스로 처리할 수 있는 나이가 되었다. 가정에 행사가 있거나 손님들이 찾아올 때는 모두가 손발을 걷어붙이고 열심히 협력해야 한다. 매주 일상적인 일들을 처리한다고 해서 아이들의 책임이 끝나는 것은 아니다. 그것은 최소한의 일일 뿐이다.

일을 질질 끄는 경우를 방지하기 위해 우리는 토요일 오후 5시까지 모든 일을 끝내야 한다는 규칙을 정해 놓았다. 그렇지 않으면 토요일 저녁 9시에 진공청소기의 요란한 소음을 들으면서 대화를 나눠야 하는 복잡한 상황이 벌어진다. 아이들은 매주 초반부터 각자에게 할당된 집안일을 처리할 수 있다. 하지만 어쨌든 토요일 오후 5시에는 모든 일이 깔끔히 마무리되어 있어야 한다. 그렇지 않으면 그에 상응하는 벌칙이 주어지고, 아이들은 우리가 한번 말한 것은 반드시 행하고야 만다는 사실을 다시금 깨우쳐야 한다.

기본적인 일들

단추를 다는 일과 같은 간단한 일은 자녀들 스스로 처리할 수 있도록 가르쳐야 한다. 그런 작은 일을 처리하지 못해 옷을 방치해 두는 일이 발생해서는 곤란하다.

어느 날, 나는 남편이 평소 즐겨 입는 셔츠를 장롱 뒤쪽에 넣어 두는 모습을 보았다. 이유를 물었더니 '입지 않는 옷'을 놔두는 곳에 셔츠를 분류해 두는 것이라고 대답했다. 나는 어떤 옷이 입지 않는 옷으로 분류되느냐고 물었다. 그러자 남편은 단추가 떨어졌거나 기타 수선이 필요한 옷들이라고 대답했다. 자녀들에게 스스로 옷을 수선하는 방법을 가르쳐야 한다. 그러면 '입지 않는 옷'을 놔두는 장소가 필요하지 않을 것이다.

자녀에게 가스레인지와 전자레인지를 다루는 법은 물론, 간단한 음식쯤은 스스로 만드는 방법도 가르쳐 주어야 한다. 내 아들이 요리하는 법을 배우고 싶지 않다고 하자 내 친구의 남편은 "얘야, 최소한 네가 좋아하는 음식 하나쯤은 만들 수 있어야 한단다."라고 말했다. 좋은 충고였다.

자녀들에게 이것저것 부엌일을 맡기는 것이 좋다. 그래야만 재료를 준비하는 법, 조리 과정을 이해하는 법, 음식물 포장지에 적힌 대로 요리하는 법을 가르칠 수 있다(부엌일을 같이 하다 보면 자녀와 조용히 대화를 나눌 수 있는 이점도 있다).

아울러 재활용하는 법도 가르쳐야 한다. 나는 우리 가족이 재활용이 유행하기 오래전부터 이미 재활용을 해왔다고 종종 농담조로 말하곤 한다. 내가 어렸을 때부터 우리 가족은 알루미늄 포일을 재활용했을 뿐만 아니라, 포장지를 다리미로 다려 다시 사용하곤 했다. 환경 보호에 앞장설 수 있도록 가르쳐야 한다. 마을에 재활용품을 수거하는 통이 마련되어 있다면 아이들을 데리고 나가 종류대로 물건을 분류하는 법을 가르치라. 캔을 쓰레기통에 던져 넣으며 즐거운 시간을 보낼 수 있을 것이다.

자기 방 청소

아이들이 중학생이 되면 이상하게도 침실이 엉망진창이 되고, 방 전체에서 마치 라커룸과 같은 퀴퀴한 냄새가 풍긴다. 아마도 사춘기 시절에 일어나는 호르몬 변화와 관련이 있는 듯하다. 만나서 대화를 나누는 부모들마다 물건을 함부로 사용하고 방 안을 어지럽혀 놓는 통에 골머리를 앓는다고 말한다. 더 이상 방치해 두면 안 되겠다는 생각이 들거든 단호하게 대처하라. 그런 일을 당하는 사람이 비단 당신 혼자만이 아니다.

먼저 방 안을 어지럽혀 놓는 것을 어느 수위까지 용납할 것인지 결정하라(이는 싸워야 할 일과 그냥 놔둬도 될 일을 구별하는 문제에 속한다). 이 문제를 다루는 방법은 각 가정마다 다르다. 못 본 척 넘어가는 부모도 많지만, 방이 깨끗하게 정돈될 때까지 쫓아다니며 잔소리를 하는 부모도 있다. 각자 효과가 있다고 판단되는 방법을 적용하라.

우리 집의 경우에는 옷을 바닥에 벗어 던지는 행위는 절대로 용납하지 않기로 했다. 왜냐하면 값비싼 옷이 발에 밟혀 손상될 수도 있기 때문이다. 바닥에 옷을 버려 두면 어른이든 아이든 저금통에 벌금을 집어넣어야 한다(저금한 것은 휴가 때 외식하는 데 사용한다). 처음에 벌금은 옷 한 벌당 10센트씩이었다. 하지만 벌금 액수가 낮아서 별로 효과가 없었다. 우리는 적절한 효과가 나타날 때까지 벌금 액수를 올렸다.

방을 깨끗이 유지하도록 하기 위해 우리는 마감 시간을 토요일 오후 5시로 결정했다. 방 안이 일주일 내내 마치 돼지우리와 같은 상태일 때는 그 앞을 지나갈 때마다 방문을 닫았다. 하지만 일주일에 최소한 한 번은 방이 깨끗하게 정리되어 있어야 했다.

우리는 "시간이 없었어요."라는 변명을 수없이 들어야 했다. 따라서 미리 규칙을 정해 아이들에게 경각심을 일깨워 주어야 한다. 예를 들어 일을 마칠 때까지는 친구를 집에 오지 못하게 한다거나, 친구의 집에 놀러 갈 수 없다는 규칙을 정해 두면 확실한 동기 부여가 가능하다. 일을 제대로 해놓지 않았을 때는 외출을 허락해서는 안 된다. 물론 일을 잘했을 때는 칭찬을 아끼지 말아야 한다.

집 안을 어지럽히는 물건 처리하는 법

우리 아이들이 어렸을 때는 집 안을 어지럽히는 물건들을 처리하는 문제가 꽤 심각했다. 아이들이 가는 곳마다 옷가지와 장난감이 여기저기 널려 있었다. 우리는 그 문제를 해결하기 위해 타이머로 시간을 설정해 놓고 정해진 시간 내에 물건을 치우는 게임을 시작했다. 아이들이 좀 더 나이가 들어 그 작은 '게임'에 통달하자 우리는 집 안에 널려 있는 물건들을 세탁 바구니에 모아 놓는 일을 시켰다. 옷, 양말 등을 하나씩 찾아서 가져올 때마다 적절한 상금을 주었다. 돈은 놀라울 정도로 높은 동기 부여의 효과를 발휘했다.

안 쓰는 물건 정리하기

마치 야생 버섯처럼 집 안 여기저기서 온갖 물건이 삐죽삐죽 튀어나와 있는 모습을 본 적이 있는가? 집 안에 물건을 잔뜩 쌓아 놓고 사는 것은 결코 현명하지 않다.

나도 버릴 것은 과감하게 버릴 수 있었으면 좋겠다. 하지만 내 사무실을 본 사람이라면 누구나 내가 그 방면에 별로 소질이 없다는 것을 금방 알 수 있을 것이다. 나도 스스로 안 쓰는 물건을 처리하지 못하면서 아이들에게 그런 물건을 버리라고 말하기는 어렵다. 남편이나 나나 물건을 버리지 않고 쌓아 두는 습성을 타고났다. 그 부모에 그 자식이라고 우리 아이들도 역시 마찬가지다. 하지만 우리는 조금씩 나아지고 있다.

우리는 죽을 때 재산을 가져갈 수 없다. 세상의 소유에 집착하는 한 가벼운 영혼으로 하늘나라에 올라갈 수 없다. 세상에 사는 동안 보물을 하늘에 쌓아 두어야만 장차 하늘나라에서 영원한 보물을 소유할 수 있다. 성경은 하늘나라에 보물을 쌓아 두면 "좀이나 동록이 해하지 못하며 도둑이 구멍을 뚫지도 못하고 도둑질도 못"한다고 말한다마 6:20. 죽은 뒤에는 우리의 소유 가운데 대부분이 벼룩시장이나 중고품 가게로 넘어가고 말 텐데 우리는 무엇 때문에 물질에 그렇게 강한 집착을 보이는 것일까?

그 이유 가운데 하나는 '탐심' 때문이다. 대중 매체는 끊임없이 광고를 쏟아 내고, 대형 할인점은 소비자의 구매욕을 부추겨 지금 당장 갖고 싶은 것을 모두 가져야 한다는 탐욕을 자극한다. 처음에는 기분 좋은 마음으로 쇼핑몰에 갔다가 돌아올 때는 실망감에 사로잡힐 때가 많다. 때로는 차라리 집에 있는 편이 더 낫다.

요즘 같은 소비 지향적인 사회에서 어떻게 자녀들에게 소유에 대한 올바른 관점을 가르칠 수 있을까? 다른 경우와 마찬가지로 이 경우 역시 본을 보이는 방법이 효과적이다(물론 본을 보이는 방법은 결코 쉽지 않다).

더 이상 쓸모없다고 판단되는 물건은 과감히 처분하라. 가족 대대로 내려오는 물건을 다른 사람에게 얼마든지 선물로 줄 수 있다(그렇게 하면 비용도 절약할 수 있을 뿐 아니라 받는 사람 편에서도 의미 있는 선물로 받아들일 것이 분명하다).

게이 마틴은 자신의 숙모가 그런 식으로 가진 물건들을 처분했다고 말한다. 그녀의 숙모는 물려주는 물건을 받게 되는 사람에게 "그동안 저는 이 물건을 얼마나 잘 썼는지 몰라요. 이제는 이 물건을 당신에게 주어 사용하게 할 때가 된 것 같군요."라고 매번 말하곤 했다.

물건을 처분하는 또 하나의 방법은 1년에 한 번씩 처분해야 할 물건을 골라내 벼룩시장에 내놓거나 교회나 자선 단체에 기부하는 것이다. 기부한 물건의 품목을 기록해 두면 나중에 세금 감면 혜택을 받을 수도 있다. 그 밖에도 소유에 대한 집착에서 벗어날 수만 있다면 어떤 방법이든 시도해 보라.

하나를 사고, 하나를 버리는 방법

위에서도 말했지만 우리 가족은 이 방면에는 별로 소질이 없다. 하지만 우리는 열심히 노력한다. 새로운 물건을 사면 필요 없는 옛 물건은 버려야 한다. 쓸모없이 망가진 물건은 버리고, 쓸 만한 물건은 기부하라. 같은 물건을 두 개 이상 갖는 것은 불필요한 축적이다.

아이들의 생일날이나 성탄절 전후에 물건들을 조사하여 필요하지 않은 것들을 고르게 하라. 물건을 사들이기만 하거나 쌓아 둘 선반을 마련하는 것으로는 문제가 해결되지 않는다.

하나님이 우리에게 필요한 것을 모두 주신다는 것을 믿는다면 자녀들 앞에서 모범을 보여야 한다. 불필요한 물건들을 처리하고 자녀들에게도 그렇게 하도록 가르치라.

나는 대학 시절에 필리핀에서 6주 동안 머문 적이 있다. 당시의 경험은 나의 관점을 완전히 바꾸어 놓았다. 내가 알고 있는 십대 청소년들이 모두 형편이 어려운 나라를 방문할 기회가 있었으면 좋겠다. 그러면 지금 자신들이 가진 것에 대해 감사하는 마음이 생길 것이 분명하다. 사실 우리는 너무 많은 것을 가지고 있으면서도 그 점을 깨닫지 못한다. 나는 판자로 얼기설기 지은 작은 집에서 한 가족 전체가 살고 있는 것을 목격했다. 그들은 자신들도 먹기에 부족한 음식을 내게 나눠 주려고 했다. 나는 깊은 충격에 사로잡혔다.

우리는 필요 이상의 것을 누리는 축복을 받았다. 하나님이 우리 손에 맡기신 것을 잘 관리하는 선한 청지기가 되어야 할 책임이 있다. 우리는 자녀들에게도 그와 같은 사실을 일깨워 주어야 한다.

자녀들에게 인생을 살아가는 기술을 가르치려면 다음의 질문들을 생각해 보라.

- 자녀에게 매일, 매주 해야 할 일을 부과했는가? 집 안에 각자의 책임을 명시한 쪽지를 붙여 놓았는가?
- 집안일을 하지 않았을 때의 벌칙을 상세히 적어 놓았는가? 벌칙을 일관성 있게 부과하는가?
- 자녀가 방을 어떻게 정리해야 할지를 정해 놓았는가?
- 소유에 대해 집착하지 말라고 교훈하기 위해 자녀 앞에서 모범을 보이는가?
- 쓸모없는 물건을 정기적으로 처분하는가?
- 애완동물은 누가 돌보는가?
- 깜빡했다는 변명을 어떻게 처리할 것인가?

초등학생이나 중학생을 자녀로 둔 경우에는 다음의 질문들을 생각해 보라.

- 자녀가 스스로 옷을 세탁해 입는 습관을 들이고 있는가?
- 자녀에게 설거지, 청소기 사용법, 다리미질, 화장실을 청소하는 방법 등을 가르치고 있는가?
- 자녀가 바느질과 같은 기본적인 일을 스스로 할 수 있는가?

- 여러 가지 가정용품을 안전하게 작동시키는 방법을 가르치는가?
- 자녀가 밖에 나가기 전에 맡겨진 일을 어떻게 처리했는지 점검하는가?
- 잡다한 물건들이 집 안 여기저기 굴러다니는 문제를 어떻게 처리하는가?

십대 후반의 자녀를 둔 경우에는 다음의 질문들을 생각해 보라.

- 자녀가 스스로 옷을 세탁해 입고 있는가?
- 음식을 준비하는 일에 동참하게 하는가?
- 자녀가 요리법을 이해하고, 간단한 음식을 만들 줄 아는가?
- 맡겨진 일을 제대로 처리하지 않았을 때는 다시 하라고 요구하는가?
- "어머, 깜빡했어요."라고 변명할 때 어떤 벌칙을 주는가? 맡은 일은 반드시 해야 한다는 점을 분명히 주지시키는가?

chapter 5
가치관을 정립시키라

몇 년 전, 허리케인이 플로리다를 휩쓸고 지나간 후 사람들이 가장 필요로 했던 물건은 발전기였다. 운이 좋아 발전기를 가지고 있는 사람은 이웃들에게 시원한 물을 제공하거나 음식물을 냉장고에 보관해 주었다.

발전기가 없는 사람들은 미지근한 물을 홀짝이면서 전기가 다시 들어오기를 기대하는 수밖에 없었다. 하지만 개중에는 발전기가 누구의 소유든 상관하지 않고 자신들도 똑같은 혜택을 누려야 한다고 생각했던 이들도 있었다.

한 남자가 있었다. 그는 발전기를 가지고 있었다. 발전기는 천장의 선풍기를 돌리기에 충분한 동력을 제공했다. 덕분에 남자는 숨막힐

듯이 찌는 더위를 다소나마 달래며 잠자리에 들 수 있었다. 하지만 그는 이따금 한밤중에 땀에 흠뻑 젖은 채로 잠에서 깨어났다. 귀를 기울여 보니 발전기가 돌아가는 소리는 들렸지만, 이상하게도 천장의 선풍기는 멈춰 있었다. 어찌된 일인지 살피려고 나가 보았더니 누군가가 발전기를 훔쳐 가고 대신 잔디 깎는 기계를 가동시켜 놓은 것이 발견되었다.

발전기를 훔쳐 간 사람에게 자녀가 있다면, 그 사람은 과연 자녀에게 갑자기 없던 발전기가 생겨난 것에 대해 어떻게 설명할 수 있을지 궁금하다. 아마도 거짓말을 둘러댈 수밖에 없을 것이다.

가치관의 문제는 자녀들의 인격 형성에 가장 중요하고 근본적인 영향을 미치는 사안이기 때문에 처음부터 어떤 식으로 가치관을 심어 줄 것인지를 분명히 해야 한다. 위와 같은 일화를 통해 가르치는 것도 좋은 방법이 될 수 있지만, 무엇보다도 부모의 솔선수범을 통해 가르치는 것이 가장 좋다.

부모가 무엇을 가장 중요하고 귀하게 생각하는지를 알려면 그 부모가 살아가는 방식, 즉 삶의 우선순위를 어디에 두고, 시간과 돈을 어떻게 사용하며, 다른 사람들을 어떻게 대하고, 소유를 어떻게 바라보는지를 살펴보면 된다.

어린아이들은 부모의 말보다는 행동에 더 큰 관심을 기울인다. 말과 행동이 일치한다면 더할 나위 없이 좋겠지만, 그렇지 않다면 신중한 태도로 자신의 삶을 면밀히 돌아봐야 한다.

비판적인 사고

요즘 같은 세상에서 비판적인 사고를 갖는 것은 매우 중요하며, 자녀들에게 그런 사고방식을 심어 주어야 한다. 물론 이 말은 그들을 비판과 냉소를 일삼는 사람으로 키워야 한다는 뜻이 아니다. 여기에서 말하는 비판은, 보고 듣고 읽는 것을 분석함으로써 건전한 판단과 결정을 내릴 수 있는 능력을 의미한다.

예를 들어 과학 교사가 인류의 조상이 원숭이라고 가르친다면 과연 아이들은 어떻게 대답할지 궁금하다. 우리 아이들은 집에 돌아오더니 학교에서 인류의 조상이 원숭이라는 정말 웃기는 이야기를 들었다고 했다.

우리는 자녀에게 세상에서 어떻게 가르치더라도 우리의 가치관과 신앙을 굳게 지킬 수 있는 방법을 알려 주어야 한다. 가족들이 함께 모여 학교나 주변 세상에서 겪었던 일들을 논하는 데는 저녁 식사 시간이 제격이다. 우리 집에서는 저녁 식사를 하면서 '터무니없는 뉴스'를 전하는 시간을 갖곤 한다. 남편은 라디오에서 들은 일화 가운데 사람들의 어리석은 생각을 드러내는 내용을 종종 소개한다. 예를 들면, 몇몇 사람들이 패스트푸드 음식점을 사람들의 비만을 야기한다는 이유로 고소할 계획이라는 뉴스다.

그런 이야기들은 개인의 책임 및 우리의 결정과 선택에서 비롯하는 결과를 논할 수 있는 기회를 제공한다. 하지만 우리는 일방적인 대화, 즉 우리는 가르치고, 아이들은 묵묵히 듣기만 하는 식의 대화가 이루어지는 것을 원하지 않는다. 우리는 공손한 태도를 잃지 않는다면 어떤 질문을 해도 괜찮다고 말한다. 우리는 아이들이 "그게 무슨 뜻이에요? 왜 그런 일을 반대해야 하나요?"라는 질문을 던지기를 원한다.

어린 자녀들은 우리의 신념과 견해를 액면 그대로 받아들인다. 하지만 점차 나이가 들면 그런 신념과 견해를 자신의 것으로 소화해 내는 과정이 필요하다. 그렇게 할 수 있는 가장 좋은 방법은 배운 내용에 대해 질문을 하는 것이다. 그런 과정을 겁내는 부모가 많다. 하지만 겁낼 필요가 없다.

때로 아이들의 질문에 대답할 말이 바로 생각나지 않으면 우리는 "지금 당장 적절한 대답을 하기가 곤란하구나. 함께 좀 더 생각해 보자."라고 말한다. 우리 자신도 확실히 알기 어려운 문제를 질문할 때는 일단 그렇게 말한 뒤에 부지런히 대답할 말을 찾아 적당한 시간에 일러 주어야 한다. 그래야만 우리가 그들의 질문을 진지하게 생각한다는 점을 보여 줄 수 있다.

우리는 잊을지 몰라도 아이들은 절대 잊지 않는다. 우리가 아무런 답변도 해주지 않으면 아이들은 부모가 자신들이 중요하게 생각하는 문제에 무관심하다고 생각하기 쉽다. 아이들이 점차 성장하면 그들 스스로 답변을 찾아볼 수 있도록 독려해야 한다. 그런 다음 가족이 함께 모인 자리에서(대개 저녁 식사 시간일 때가 많다) 서로의 생각을 교환해야 한다. 그러다 보면 때로 훌륭한 대화로 발전하기도 하고, 어떤 문제가 아이들에게 중요한지도 파악할 수 있다.

한편 아이들이 그들의 견해를 말하고, 우리가 질문을 던지는 경우도 있다. 때로는 그들의 논리와 생각에 결함이 있다는 사실을 친절하게 지적하거나 좀 더 철저한 사고를 할 수 있는 기회를 제공할 수도 있다. 아이들이 스스럼없이 자신들의 생각을 말하고 배운 바를 소화해 낼 수 있는 편안한 환경을 마련해 주기를 바란다.

가게 점원이나 은행 직원은 진짜 지폐를 다룸으로써 위조지폐를 가려내는 방법을 배운다. 그들은 위조지폐는 진짜 지폐와 느낌이 다르다고 말한다. 진리도 마찬가지다. 아이들에게 어렸을 때부터 성경의 진리를 가르치면 누군가가 아무리 설득하려고 해도 거짓인지 아닌지를 쉽게 식별할 수 있다.

예를 들면, 우리는 아이들이 초등학교에 다닐 무렵부터 결혼 전에 순결을 지키는 것이 안전하고 합법적일 뿐 아니라, 하나님이 원하시는 뜻이라고 가르치기 시작했다. 우리는 아이들이 학교에서 성교육을 받을 때를 대비해 미리 그에 대해 교육시킬 생각이었다. 그런 화제를 꺼냈을 때 설혹 아이들이 어리둥절한 표정을 짓더라도 괜한 말을 꺼냈다고 생각하지 말라. 아이들은 듣고 있다.

  우리는 사회적으로 논란이 많은 문제를 바라보는 우리의 관점을 자녀들에게 정확히 일러 주어야 한다. 그래야만 학교에 있을 때나 친구들과 어울릴 때 그런 문제가 화제에 오르면 논리적으로 대답할 수 있는 능력이 형성된다. 자녀가 어떤 식으로 대답해야 할지를 알지 못한 채 혼란을 겪도록 방치해서는 안 된다.

  우리 아들 벤이 열두 살이었을 때의 일이다. 벤의 친구들이 벤에게 함께 '던전 앤 드래곤'이라는 게임을 하자고 제안했다. 잠시 게임을 지켜본 벤은 친구들의 권유를 거절했다. 우리는 집에서 그 게임을 화제에 올린 적이 없었다. 하지만 벤은 그 게임에서 뭔가 이상한 낌새를 느끼고 참여를 거부했다. 우리는 나중에 그 게임에 대해 우려하는 몇 가지 이유(악한 배역을 맡아도 거리낌 없게 만든다는 점과 신비주의적인 색채를 띠고 있다는 점)를 설명해 준 뒤 벤의 행동에 칭찬을 아끼지 않았다.

  분별력은 참으로 귀중한 은사이자 능력이 아닐 수 없다. 우리는 자녀들에게 성경의 진리를 가르침으로써 분별력을 갖게 할 수 있다. 분별력 있는 자녀로 성장시켜야만 훗날 다른 사상과 철학을 접하더라도 자신이 알고 있는 진리의 빛에 비추어 그것들의 진위 여부를 판단할 수 있는 능력을 갖게 된다.

왜곡된 관용주의

비판적인 사고와 분별력은, 오늘날 우리 문화를 휩쓸고 있는 새로운 사고방식을 극복하는 데 반드시 필요하다. 이 새로운 사고방식은 신자와 불신자를 불문하고 모든 사람의 가치관에 지대한 영향을 미치고 있다. 조시 맥도웰은 이 사고방식을 '신新관용주의'라고 부른다. 신관용주의의 표면에 드러난 개념은 단순한 것 같지만 함축된 내용은 매우 심각하다.

공립학교나 사립학교에 다니는 학생을 자녀로 둔 부모들은 학교에서 나누어 준 관용에 관한 유인물이나 규칙을 읽어 본 적이 있을 것이다. 모두가 각자 자신의 신념을 가지고 있기 때문에 서로의 견해와 신앙을 존중해야 한다는 취지다. 언뜻 보면 매우 좋은 생각인 듯이 보인다. 하지만 오늘날의 관용주의는 실제로 그와 같은 의미를 갖지 않는다. 신관용주의는 모든 가치관과 신앙, 삶의 방식과 가설 등이 다 똑같다고 말한다. 서로 더 나은 것이 없기 때문에 옳은 것도 없고 잘못된 것도 없으며, 중요한 것은 내가 믿는 것이라고 말한다.[1]

잠시 생각해 보라. 매우 심각하지 않은가? 절대적인 진리는 없다. 옳고 그른 것도 없다. 하지만 신관용주의는 이런 주장만으로도 충분하지 않은 듯 진정으로 관용을 베풀려면 다른 사람의 진리 주장을 받아들여야 할 뿐 아니라, 그들의 신념과 태도를 적극적으로 지지해야 한다고 말한다.

이런 사고방식은 오랫동안 존재해 온 기존의 사고 노선에서 완전히 벗어난 것이다. 지금까지 서구 문명은 '윤리적 유신론'ethical theism이라고 불리는 사고 노선을 지켜 왔다. 윤리적 유신론이란 하나님이 옳고 그름의 절대적인 기준을 마련하셔서 인간에게 알려 주셨다고 믿는 것이다.

하지만 오늘날의 포스트모던 사회는 객관적인 진리가 존재하지 않는다고 말한다. 절대적인 것은 없으며, 궁극적인 잣대는 각 사람의 경험이라는 것이 요즘의 사고방식이다. 대학 교수가 학생들에게 유대인 대학살이 잘못된 일이냐고 물을 때 학생들이 확실히 말할 수 없다고 한다면 우리의 사고방식은 그야말로 큰 문제가 아닐 수 없다.2)

하나님을 믿고 십계명 같은 그분의 명령에 순종하는 이들은 모든 사람에게 동일하게 적용되는 옳고 그름의 절대적인 기준이 있다고 믿는다. 하나님은 그릇된 행위를 분명히 명시하셨다. 그러한 계명들을 무시하고 믿지 않는다고 해서 절대적인 기준이 무너지는 것은 아니다. 사람들이 절대적인 잣대로 자신들의 삶을 측량하기를 원하지 않는다고 해서 잣대 자체가 사라지는 것은 결코 아니다.

모든 신념이 옳다고 가르치는 사회에서 우리는 어떻게 성경적 가치관을 자녀들에게 심어 줄 수 있을까?

첫째, 신관용주의의 모순을 깨우쳐 주어야 한다. 도덕적인 판단을 내릴 수 있는 사람은 아무도 없다는 이유를 내세워 히틀러의 행위를 비난할 수 없다고 주장하는 것은 결코 옳지 않다. 물론 인간인 우리는 할 수 없을지도 모른다. 하지만 하나님은 얼마든지 하실 수 있고 또 그렇게 하신다. 하나님은 살인을 범죄로 규정하셨다.

신관용주의는 사람들과 그들의 행위를 분리할 수 없다고 말한다. 물론 그렇지 않다. 우리는 사람과 행위를 분리해 생각할 수 있다. 하나님도 마찬가지시다. 하나님은 우리의 죄를 꾸짖으면서도 죄인인 우리를 사랑하신다. 나는 우리 아이들에게 "너희를 몹시 사랑하지만 그런 행동은 용납할 수 없으니 당장 그만두렴."이라고 말하곤 한다.

누군가를 사랑한다고 해서 그 사람이 행하는 모든 것을 사랑해야 하는 것은 아니다. 그 두 가지는 서로 구분되어야 한다. 친한 친구가 동성애를 즐긴다고 가정해 보자. 그가 그런 삶을 사는 것은 참으로 가슴 아픈 일이지만, 그를 사랑하는 마음과 우정 관계는 변하지 않을 것이다.

마찬가지로 가족 가운데 한 사람이 잘못을 했을 때에도, 심지어 끔찍한 범죄를 저질렀을 때에도 우리는 그의 선택을 인정하지는 않지만 여전히 그를 사랑할 수 있다. 그리스도가 세상에 계시면서 사람들을 대하셨던 태도가 좋은 본보기다.

누군가의 행위를 비난한다고 해서 다른 사람의 죄는 크게 떠벌리고 자신은 의롭다고 자랑하라는 의미는 결코 아니다. 성경은 판단에 관해 많은 것을 가르친다. 성경은 다른 사람의 눈에서 티를 빼기 전에 먼저 자신의 눈에 있는 들보를 빼야 한다고 말한다마 7:3-5.

내 의도는 자녀들에게 신관용주의의 잘못을 일깨워 줌으로써 그런 사고방식에 물들지 않게 해야 한다는 데 있다. 우리는 사람들의 비행이나 옳지 못한 선택을 용납하지 않으면서도 여전히 그들을 사랑으로 대해 주신 예수 그리스도를 본받아야 한다. 우리는 자녀들에게 우리가 믿는 바를 가르치고, 외부로부터 도전이 있을 때 자신들의 신념을 예의 바르고 침착하게 옹호할 수 있는 능력을 길러 주어야 한다.

둘째, 성경이 권장하는 품성과 태도를 가르쳐야 한다. 우선 자기 자신을 사랑하듯 다른 사람을 사랑하라는 명령에서부터 시작하라. 이는 그릇된 신념은 미워하되 사람은 미워하지 않는 것을 의미한다. 그리스도는 항상 사랑으로 진리를 말씀하셨다.

신관용주의가 내세우는 주장 가운데 하나는 부모에게는 자녀에게 어떤 일을 요구할 권리가 없으며, 자녀 스스로 자신의 행위를 선택해야 한다는 것이다. 물론 어른이 된 후에는 스스로 선택할 것이다. 하지만 자립할 나이가 되기 전까지는 부모가 규칙을 정해 주어야 한다. 신관용주의가 어떻게 말하든 부모를 존중하고 부모의 말에 순종하는 것은 선택 사안이 아니다. 하나님이 가정이라는 제도를 세우신 이유는 바로 그와 같은 삶의 질서를 원하셨기 때문이다. 자녀들에게 이 점을 확실히 이해시켜야 한다.

마지막으로, 십대 자녀를 둔 경우에는 정직한 논의와 질문을 독려

함으로써 주위에서 이루어지는 세계관의 변화에 적절히 대응할 수 있는 능력을 키워 주어야 한다. 신념을 말로 표현하고, 하나님의 절대적인 진리를 믿음으로써 자기 자신의 세계관을 형성할 수 있는 기회를 주어야 한다.

"옳은 것과 그른 것이 없다면 사회는 어떻게 되고, 법은 또 어떻게 되겠니? 예수님이 유일한 길이신데 어떻게 다른 길들이 우리를 하늘나라로 인도할 수 있겠니? 사람의 신념과 그의 행위를 어떻게 구분할 수 있다고 생각하니?"라는 질문을 던지면 진지한 대화를 시작할 수 있을 것이다.

교육부 장관을 역임한 바 있는 윌리엄 베넷은 어린아이들과 도덕 교육에 관해 이렇게 말했다.

"일부 교육자는 옳고 그름의 문제에 대해 의도적으로 회피하거나 중립적인 태도를 보이곤 한다. 논의와 대화, 자극을 통해 아이들 스스로 가치관을 확립하게 해야 한다고 주장하는 가치 교육 이론에 치우친 교육자들이 많다. 하지만 그것은 잘못된 접근 방식이다. 연구 조사에 따르면, 그와 같은 교육 방식은 어린아이의 행동에 아무런 영향도 미치지 못하는 것으로 나타났다. 또한 우리 아이들을 도덕적으로 표류시킬 위험성을 내포하고 있다." [3]

베넷이 그렇게 말한 이후로 우리는 공공 정책과 실천 방안에서 그의 말이 사실임을 입증하는 여러 가지 증거를 목격해 왔다.

어느 날 저녁, 우리는 아이들 몇 명과 카드 게임을 하면서 패를 내놓을 수 없다면 "통과!"라고 말하면 된다고 설명했다. 나중에 우리는 한 소녀가 특정한 카드 패를 내놓지 않기 위해 "통과!"를 남발했다는 사실을 알게 되었다. 우리가 속임수를 썼다고 말하자 그 소녀는 "그렇게 할 수 없다고 말하지 않았잖아요."라고 대답했다.

우리는 아이들에게 옳고 그름의 기본 원리를 가르쳐야 한다. 포스트모더니즘과 신관용주의에 관해 깊이 생각해 본 바가 없으면 연구할 시간을 갖고 자신의 견해를 분명히 정하는 것이 좋다. 그런 다음 자녀들과 대화를 시작하라. 자녀들이 배운 내용을 성경의 진리에 비추어 생각하게 함으로써 확고한 세계관을 형성하도록 도우라.

친절과 동정

오늘날 친절과 동정은 마치 녹음테이프나 레코드판처럼 먼 과거의 유산이 된 것처럼 보인다. 친절과 동정이 사라진 것은 아니지만, 오늘날에는 그런 성품을 갖는 것이 어렵고 낯선 일로 간주되고 있는 것이다. 방송 매체나 정치가, 또는 유명 인사들의 말을 들어 보면 다른 사람을 헐뜯는 말이나 무가치한 말들이 난무하고 있는 현실을 실감할 수 있다.

신관용주의는 사람과 행위를 구분해서는 안 되며, 모든 사람을 귀하게 여겨야 한다고 주장하지만, 서로를 헐뜯고 모욕하는 행위는 중단되지 않고 있다. 요즘 텔레비전에서는 사람들이 거짓에 현혹되고, 학대받고, 이용당하고, 상처 입고, 모욕당하고, 잘못된 길로 인도되는 현실을 묘사하는 프로그램들이 넘쳐 난다. 만일 시청자들이 보지 않는다면 더 이상 그런 프로그램들을 만들지 않을 것이다.

아이들이 중학생이 되면 부모의 그늘에서 벗어나 스스로 독자적인 정체성을 확립하려는 노력을 기울이기 시작한다. 이 시기의 아이들은 자기 자신을 은근히 과시할 목적으로 다른 사람을 비방하는 경향이 있다. 나도 역시 그런 잘못을 범하기는 마찬가지였다.

나는 열네 살 때부터 더 이상 키가 자라지 않았다. 아침에 잠자리에서 일어나 키를 재보면 겨우 157센티미터가 될까 말까 했다. 나는 키가 작다는 이유로 아이들로부터 이런저런 놀림을 받았다. 더 이상 놀림을 당하고만 있어서는 안 된다는 생각이 들자 나는 상대방의 놀림에 놀림으로 응수하기 시작했다. 나는 '비방의 여왕'이라는 평판을 듣는 것이 자랑스러웠다. 여름 방학이면 선교 여행을 떠나고, 그리스도와 같은 삶을 살겠다고 하는 소녀가 그런 별명을 갖게 된 것이다.

그로부터 몇 년 뒤 한 청소년 사역자가 나의 모순된 삶을 지적하고 반성을 촉구했다. 분명하게 기억나지는 않지만, 그의 책망은 십대 청소년들의 사고방식이 상황과 장소에 따라 달라진다는 사실을 일깨워 주었다. 학교에 있는 나와 교회에 있는 내 모습은 사뭇 달랐다. 당신도 비슷한 경험이 있다면 십대 자녀들에게 이야기해 주라. 아무도 보는 사람 없이 홀로 있는 순간의 모습이 우리의 참모습이라는 점을 이해하도록 가르치라.

피해자이자 가해자

아이들은 놀림을 받기도 하고 또 놀리기도 하면서 성장한다. 다른 사람을 비방하거나 놀릴 때는 반드시 부모가 꾸짖어 못하게 해야 한다. 남을 비방하는 행위는 옳지 않다. 부모는 자녀에게 그 점을 분명히 주지시켜야 한다.

자녀가 다른 사람에게 말로 상처를 입혔을 때는 반드시 사과하게 해야 한다. 상대방이 먼저 자신을 비방했고, 단지 그와 똑같이 대해 준 것뿐이라며 장시간 항변을 늘어놓을 수도 있다. 하지만 물러서서는 안 된다. 사과하지 않으면 매를 들어서라도 반드시 사과해야 한다는 사실을 일깨워 주어야 한다.

사과한다는 것은 교만한 마음을 버리고 자신의 잘못을 인정한다는 뜻이다. 사과하기를 좋아하는 사람은 아무도 없다. 하지만 사과는 우리가 반드시 터득해야 할 삶의 기술이다. 필요하다면 자녀들 앞에서 스스로 사과하는 모습을 보여 주라. 과오를 인정하는 것은 어렵지만 반드시 필요한 일이라는 점을 알게 해주어야 한다.

　자녀가 다른 사람으로부터 비방과 놀림을 당했다면 잘 위로해 주고, 나아가 다른 사람의 감정을 이해하도록 가르쳐야 한다. 즉, "네가 당해 보니 너무 싫지, 그렇지? 지금 이 감정을 잊지 마라. 다음에 다른 사람을 비방하고 싶은 마음이 들 때 그것이 얼마나 큰 상처를 주는지 꼭 기억해야 해. 다른 사람들을 비방하면 그 사람들도 네가 지금 느끼는 이 감정을 똑같이 느낀단다."라고 말해 주라.

　자녀들이 나이가 들면 남을 비방해 놓고서도 "장난으로 좀 놀린 것 뿐이에요."라는 변명을 늘어놓게 된다. 장난삼아 나쁜 농담을 일삼는 것은 절대로 옳지 않다. 그런 경우 부모는 마땅히 "도가 지나친 일이야. 사과하고 다시는 그런 잘못을 저지르지 마라." 하고 말해 주어야 한다. 비록 상대방이 웃어넘겼다 하더라도, 내가 다른 사람에게 놀림을 받았을 때와 마찬가지로 마음의 상처를 숨기려는 억지 웃음일지도 모른다는 점을 일깨워 주어야 한다.

　최근에 한 중학교 학생이 놀림감이 되었다는 소리를 들은 적이 있다. 그 학생은 매우 공손하고 똑똑했다. 그런데 몸집은 큰 반면, 목소리가 유독 작고, 말하는 속도가 느려 놀림을 받곤 했다. 매일 그 학생이 통학 버스에 탈 때면 다른 학생들이 대부분의 자리를 차지하고 앉아 있었다. 그 학생은 한 학생에게 같이 앉자고 말했다. 하지만 상대 학생은 늘 "절대 안 돼. 저리 가, 이 괴물아!"라고 소리쳤다. 그래도 그

학생은 매일 공손한 태도로 자리에 같이 앉자고 요청했다.

왜 아무도 자기를 잘 대해 주려고 하지 않는지 날마다 고심하며 고개를 푹 숙인 채 집으로 걸어갈 그 학생의 모습을 생각하니, 나는 그만 울고 싶어졌다. 한 학생이 그를 옹호하며 더 이상 그 아이를 놀리지 말라고 했다는 소리를 듣고 나니 그나마 다행이다 싶었다.

성경은 황금률을 가르친다. 우리는 자녀에게 황금률을 가르치고 실천하게 해야 한다. 자신이 대접받고자 하는 대로 남을 대접할 수 있는 사람이 되게 해야 한다 마 7:12, 눅 6:31. 가정에서 그런 교훈을 가르치지 않으면 다른 곳에서는 올바른 행동을 배우기 어렵다. 특히 요즘처럼 신관용주의를 표방하는 사회에서는 그런 교훈을 배울 기회가 더더구나 희박하다.

황금률을 가르치는 것은 부모의 몫이다. 사람들이 중요하다는 점을 일깨워 주어야 한다. 자녀들은 부모가 친구와 가족, 가게의 점원 등 다른 사람을 대하는 방식을 보고 부모가 믿는 바를 실천하고 사는지 아닌지를 알게 된다.

일의 중요성

찰스 사이크스는 아이들이 학교에서 배우지 못하는 규칙들을 소개했다. 그 규칙 가운데 "고등학교를 졸업한 지 1년 만에 4만 달러를 벌

수 없다. 힘써 성취하지 않으면 카폰을 가지고 있는 부사장이 될 수 없다."4)라는 규칙이 있다. 하지만 아이들 대부분이 그런 삶을 기대한다. 그들은 현실을 깨달아야 한다.

나는 그릇 닦는 일이나 식기를 치우는 일 따위는 하고 싶지 않다고 말하는 십대 청소년들과 대화를 나눠 본 적이 있다. 다들 자신은 그런 일을 할 정도로 못난이는 아니라고 생각했다. 그들은 "저는 그런 일을 하지 않겠어요. 그런 일은 제 능력 이하의 일이에요. 저는 진정한 직업을 가질 거예요."라고 말했다. 하지만 그로부터 반년이 지나도 그들은 여전히 집에서 텔레비전 드라마를 보거나 비디오 게임을 하고 있을 것이 분명했다.

게이 마틴은 많은 기업체의 직원 연수 프로그램을 맡아 진행해 온 유명 강사다. 그때마다 사람들은 그녀에게 '시간 엄수'를 강조해 달라고 주문했다. 회사마다 늦장 사태가 큰 문제가 되어 가고 있다. 직원들은 대개 업무 시간보다 30분 늦게 출근하면서도 그 점을 크게 문제삼지 않는다. 그 문제를 지적하면 보통 어깨를 으쓱거리며 "저는 아침잠이 좀 많은 편이거든요."라고 말할 뿐이다.

자녀가 직장 생활에서 성공하기를 원한다면, 근면한 태도로 업무 시간을 엄수하고, 맡은 일을 정해진 시간 내에 처리해야 한다는 점을 분명히 인식시켜야 한다. 나는 어렸을 때 일은 뒷전으로 제쳐 놓고 항상 밖에 나가 놀고만 싶어했다. 하지만 어머니는 그런 나를 용납하지 않으셨다. 일을 먼저 처리하지 않으면 하루 종일 자유 시간을 가질 수 없었다.

일, 특히 하고 싶지 않은 일을 미루려는 습성은 모두가 공통적으로 가지고 있다. 자녀들에게 주어진 일을 다 마친 후 자유 시간을 가질 때 느끼는 기분을 이해하도록 가르쳐야만 인생을 살아가는 또 하나의 중요한 기술과 태도를 전수해 줄 수 있다.

정직성과 진실성

정직성과 진실성은 보기 드문 덕성이다. 이 두 가지 덕성은 서로 밀접한 관련이 있다. 진실성은 다른 사람들을 정직하게 대하고, 한번 말한 것은 충실히 지키는 성품을 뜻한다. 과거에는 사업 관계를 맺을 때 악수로 족했지만, 지금은 법률 용어가 길게 적힌 계약서가 필요하다. 이는 우리 사회에서 진실한 인격이 사라졌다는 증거다.

한번 말한 것은 반드시 지키는 모습을 보여 주라. 저 사람이 하는 말은 믿을 수 있다는 생각을 심어 줘야 한다. 선약이 있을 때는 나중에 더 나은 제안이 들어오더라도 반드시 그 약속을 지키게 해야 한다.

또한 거짓말은 언제나 나쁘다는 점을 분명히 인식시켜야 한다. 잘못을 감추기 위해 거짓말을 한다면, 시간이 지날수록 처음에 잘못을 인정했을 때보다 훨씬 더 나쁜 결과가 발생할 것이라는 점을 일깨워 주어야 한다. 예나 지금이나 정직은 최선의 방책이다.

어떤 사람들은 예의상 하는 거짓말은 괜찮다고 주장한다. 하지만 결코 그렇지 않다. 자녀들은 매 순간 부모의 모습을 지켜본다. 대화를 나누고 싶지 않은 누군가가 전화를 걸어 왔을 때 자녀에게 집에 없다고 대답하라고 시키는 것은 거짓말을 해도 괜찮다고 가르치는 것이나 다름없다. 누군가에게 할 일이 많아서 갈 수 없다는 식으로 대답해 놓고 자녀에게는 "그냥 가고 싶지 않아서."라고 말한다면 그것도 역시 거짓말을 가르치는 것에 해당한다.

우리는 나쁜 인상을 주고 싶지 않다는 마음에서 거짓말을 둘러댄다. 그것이 거짓말을 하는 이유다. 하지만 진실하고 성숙한 인격을 가진 사람은 자기 자신의 행동에 책임을 질 뿐만 아니라, 잘못을 저질렀을 때는 기꺼이 과실을 인정한다. 자녀들이 거짓말을 할 때는 아무리 작은 것이라도 용납해서는 안 된다. 그렇지 않으면 나중에는 큰 거짓말도 아무렇지 않게 둘러댈지도 모른다.

자기 소유가 아닌 물건이나 허락받지 않은 물건에는 절대로 손대서는 안 된다고도 분명히 가르쳐야 한다. 가게나 식당, 다른 사람의 집이나 교회는 물론, 형제자매의 방에 있는 물건이라도 훔쳐서는 안 된다. 남의 것을 훔치는 모습을 보거든 따끔한 훈계로 두 번 다시 그와 같은 유혹에 빠지지 않도록 경각심을 일깨워 주어야 한다.

최근에 나는 한 제조 회사에서 20년 동안 일해 온 사람에 관한 소식을 들은 적이 있다. 그는 사용하고 남은 금속 조각을 훔쳤다는 죄로 회사에서 해고당했다. 그가 훔친 금속 조각의 가격은 150달러가 채 안 되었다. 하지만 그는 그 일로 인해 직장은 물론 평판까지 잃고 말았다.

시험을 치를 때 남의 답안지를 보거나 자신의 답안지를 보여 주는 행위도 잘못이라는 점을 일찍부터 주지시켜야 한다. 친구들의 압력이 있더라도 절대로 물러서지 말라고 격려하라.

요즘 학교마다 표절이 큰 문제로 부각되고 있다. 특히 인터넷에서 쉽게 정보를 얻을 수 있게 되면서부터 문제가 증폭되었다. 이 문제 역시 정직한 인격과 밀접한 관련을 맺는다.

내가 알고 있는 한 교사는 인기 있는 웹사이트에서 리포트에 사용될 수 있는 내용을 복사했다. 그 이유는 학생들이 제출한 리포트와 비교해 보기 위해서였다. 그녀는 놀라지 않을 수 없었다. 양심의 가책을 전혀 느끼지 않은 듯 각주 처리 없이 인터넷에서 얻은 정보를 그대로 리포트에 따 붙인 학생들이 많았기 때문이다. 자료의 출처를 명시하지 않고 베끼는 행위는 도둑질에 해당한다.

아이들은 거짓말을 둘러대어 자신의 잘못을 모면하려고 한다. 그럴 때는 단호하게 대처해야만 부모의 뜻을 이해시킬 수 있다. 자녀가 유리창을 깨뜨리고서도 책임을 모면할 생각으로 "제가 안 그랬어요."라고 변명하는 모습을 본 적이 있는가? 자녀가 그런 태도를 보일 때는 눈을 정면으로 바라보며 사실을 추궁하라. 엄하게 대하는 모습을 보여 주면 종종 솔직한 고백을 들을 수 있고, 경우에 따라서는 기대했던 것보다 더 많은 사실을 알아낼 수도 있다.

잘못을 저지른 범인이 누군지 분명하지 않고, 아이들도 솔직하게 고백하지 않는 상황에서는 부모가 임의로 판정을 내릴 수밖에 없다. 아이들 모두에게 벌을 주든지, 아니면 범인일 가능성이 가장 높은 아이를 지목하여 징계하는 것이다. 때로 직감이 틀릴 때도 있지만 그럴 가능성은 매우 낮다. 부모는 자기 자녀를 잘 안다. 따라서 직감을 의지해도 괜찮다.

자녀들 앞에서 진실한 인격의 본을 보이라. 진실하고 정직한 인격이 삶의 전반에 영향을 미친다는 사실을 일찍부터 깨우쳐 주어야 한다. 진실성과 정직성은 참으로 중요하다. 옳은 것을 위해 살도록 가르치라. 자녀가 진실하고 정직한 태도를 보일 때는 아낌없이 칭찬하라. 왜냐하면 밖에서는 옳은 일을 해도 오히려 조롱이나 비웃음을 받을 때가 많기 때문이다.

자녀에게 훌륭한 가치관을 심어 주고 싶다면 다음의 질문들을 생각해 보라.

- 가정의 규칙과 가치관을 분명히 설명했는가?
- 자녀가 거짓과 진실을 구별할 수 있는가?

- 자녀에게 옳고 그름의 절대적인 기준이 있다고 가르친 적이 있는가?
- 신관용주의의 잘못을 지적하고 그 배후에 놓인 그릇된 사고방식을 명확히 인식하도록 가르쳤는가?
- 자녀가 옳고 그른 것을 믿는다는 이유로 누군가로부터 편협하다거나 시대착오적이라는 비판을 받은 적이 있는가? 그런 때도 공손한 태도로 자신의 입장을 견지해 나갈 수 있는 방법을 가르쳐 주었는가?
- 사람과 행위를 구분해야 한다고 가르쳤는가?
- 다른 사람에게 사랑과 동정을 베풀라고 가르쳤는가?
- 자녀에게 체면 유지를 위해 거짓말을 하는 모습을 보인 적이 있는가?
- 자녀에게 정직하고 진실하게 살고 있는 모습을 보여 주는가?
- 세금을 정직하게 내고 있는가?
- 내가 대접받고자 하는 대로 남을 대접하는가?
- 회사를 위해 최선을 다하는가, 아니면 가능한 일을 적게 하려고 요령을 피우는가?

초등학생이나 중학생을 자녀로 둔 경우에는 다음의 질문들을 생각해 보라.

- 자녀가 다른 사람의 감정을 상하게 했을 때 반드시 사과하도록 했는가?
- 자녀 앞에서 사과하고 용서를 구하는 모습을 보여 주었는가?

- 도둑질이 잘못이라는 사실을 일깨워 주었는가?
- 자녀에게 거짓말은 어떤 결과를 초래하는지 알려 주었는가?
- 최선을 다하는 삶을 중요하게 생각하는가? 그렇다면 자녀 앞에서 어떻게 본을 보이고 있는가?
- 자녀에게 집안일이나 학교 공부, 특별 활동을 비롯해 모든 일에 최선을 다하라고 가르치는가?

십대 후반의 자녀를 둔 경우에는 다음의 질문들을 생각해 보라.

- 자녀가 가정의 규칙과 가치관을 잘 알고 있는가? 그런 가치관을 다른 사람들에게 분명히 설명할 수 있는가?
- 구체적인 대화를 통해 신관용주의에 근거한 사고방식을 거부할 수 있는 능력을 갖게 해 주었는가?
- 나중에 더 좋은 제안이 들어오더라도 한번 약속한 것은 꼭 지키라고 가르치는가?
- 가정에서의 훈련을 통해 일하는 법은 물론 최선을 다하는 삶을 가르쳐 주었는가?
- 자녀가 시간 엄수가 중요하다는 점을 충분히 인식하고 있는가?
- 남을 비방하는 행위는 잘못이라는 것을 깨우쳐 주었는가?

Parenting
in the
home stretch

chapter 6
재능과 은사를 찾아 주라

신문의 머리기사를 장식했던 사건이 하나 있다. 근교에 사는 어린 두 자매가 차고 근처에서 놀고 있었다. 그때였다. 자동차가 브레이크 파열로 인해 차고 밖으로 돌진하는 사태가 발생했다. 순식간에 웃음이 공포로 변했다. 두 아이는 앞다투어 자동차를 피하려고 했으나 이미 늦고 말았다. 자동차는 멈춰 섰지만 막내 아이가 그만 뒷바퀴에 깔리고 만 것이다.

아이들의 비명 소리에 놀란 엄마는 현관문을 열고 밖으로 달려 나왔다. 사고 현장을 본 순간 그녀의 눈빛은 곧 두려움으로 가득해졌다. 그녀는 다른 딸아이에게 "경찰에 연락해!"라고 소리친 후 즉시 사고를 당한 아이에게 달려갔다.

이웃들도 소란스러운 사건 현장을 향해 달려 나왔다. 현장을 본 이웃들은 자신들의 눈을 믿을 수가 없었다. 키가 겨우 150센티미터 정도에 불과한 아이들의 엄마가 자동차 뒤에서 어금니를 꽉 깨문 채 범퍼를 양손으로 움켜쥐고 자동차를 들어 올리고 있었던 것이다.

사람들이 황급히 손을 뻗쳐 그녀를 도왔다. 어린 소녀는 경찰과 소방 구조대가 도착하기도 전에 자동차 바퀴 밑에서 벗어날 수 있었다. 소녀는 병원으로 옮겨져 밤새 치료를 받은 후 다시 엄마의 품으로 돌아왔다.

우리 자녀들은 위와 비슷한 상황에서 우리도 똑같이 행동하리라고 믿고 있는가? 우리는 과연 자녀들을 있는 모습 그대로 사랑하고 있는가? 하나님이 자녀들에게 어떤 은사와 재능을 주셨는지 알고 있는가? 때로 우리는 너무 분주한 탓에 이런 질문들을 생각하지 못할뿐더러 우리가 자녀들을 소중하게 여기고 있다는 사실을 인식시켜 주지 못할 때도 있다.

아무리 바빠도 자녀들의 마음을 헤아릴 수 있는 시간, 즉 하나님이 그들의 마음에 어떤 꿈을 심어 주셨는지를 살펴볼 수 있는 시간을 가져야 한다. 나는 『작은 아씨들』, 『래시』, 『꼬마 스파이 해리』를 읽으면서 글을 쓰겠다는 꿈을 갖기 시작했다. 하지만 꿈을 실현하겠다고 용기를 내기까지는 오랜 세월이 흘러야 했다. 마음에는 이미 꿈에 대한 불꽃이 있었지만, 그것이 활활 타오르기까지는 시간이 걸렸다.

창의력과 스스로 하는 놀이

사람은 저마다 독특한 인격과 관심사, 재능과 꿈을 가지고 있다. 아이들이 시간을 어떻게 보내는지를 살펴보면 하나님이 그들에게 주신 재능을 짐작할 수 있는 실마리를 발견할 수 있다. '바보 상자'에 매여 있는 시간을 적절히 제한하면 아이들에게 자신의 재능을 발견하고 발전시킬 수 있는 기회를 제공할 수 있다. 물론 그렇다고 해서 텔레비전을 집 밖에 내다 버리라는 뜻은 아니다. 다만 집에서 늘 텔레비전을 켜 놓고 생활해서는 안 된다는 점을 강조하고자 할 뿐이다.

우리는 번잡스러운 포트로더데일미국 플로리다 주 남동부 소재을 떠나 플로리다 주 중부에 위치한 작은 마을로 이사오면서 케이블 텔레비전을 없애기로 했다. 아이들이 텔레비전에만 매달리지 않게 하기 위해서였다. 우리도 텔레비전을 보는 데 시간을 낭비하고 싶지 않았다.

한동안 아이들은 채널이 세 개밖에 없다는 이유로 불평했다. 하지만 케이블을 제거하자 아이들의 창의력이 크게 향상되기 시작했다. 화면이 선명한 텔레비전 프로그램이 몇 개 되지 않았기 때문에 아이들은 텔레비전을 보는 대신 다른 일을 하기 시작했다.

우리는 최근에 큰 안테나를 설치했다. 또다시 세심한 주의를 기울이지 않으면 몇 시간 동안 아무 생각 없이 텔레비전만 보는 습관이 되살아날 가능성이 높다. 특별히 봐야 할 프로그램만 본 뒤에는 즉시 텔레비전을 꺼야 한다. 무엇인가 소리를 듣고 싶다면 라디오나 음악을 듣는 것이 좋다.

비디오나 컴퓨터 게임도 경계 대상이다. 그것들은 때로 필요한 기술을 습득할 수 있는 기회를 제공하기도 하지만, 스스로 생각하며 놀이하는 시간만큼 창의력과 상상력의 향상을 가져다주지는 못한다. 아이들에게 혼자서 놀 것을 찾아보게 하라.

아이들이 점차 나이가 들면 눈을 말똥거리면서 "이제 더 이상 할 것이 없어요."라고 말할 것이다. 그 무렵에는 집 안에 있는 것이 지겨워 밖에 나가고 싶어할 것이다. 그런 때가 되면 "할 일이 없다면 내가 찾아 주마. 빨래도 해야 하고, 설거지도 해야 해."라고 말해 보라. 아마 아이들 대부분이 말을 다 마치기도 전에 이미 스스로 깨닫고 대문 밖으로 달려 나갈 것이다.

우리는 아이들이 아주 어렸을 때부터 혼자 놀면서 창의력을 향상시킬 수 있도록 배려했다. 나는 아이들에게 "이제는 네 방으로 가서 잠시 동안 혼자 놀아야 할 시간이야."라고 말하곤 했다. 그런 다음 문틈으로 아이들이 무엇을 하고 노는지 이따금 살펴보면서 다시 밖으로 나올 때까지 기다렸다. 대개 한두 시간이 지나면 아이들이 방 밖으로 나왔다. 아이들은 블록, 장난감 자동차, 인형 등을 가지고 놀거나 책 읽기, 색칠 놀이, 그림 그리기와 같은 활동을 했다. 아이들이 밖으로 나올 때면 그들의 손에는 온갖 종류의 창작품이 들려 있었다.

아이들에게 스스로 탐구하고 창작할 수 있는 기회를 제공해야 한다. 부모가 항상 바쁘기만 하면 아이들이 그런 기회를 누리기 어렵다. 혼자서 노는 기술과 창의력이 가져다주는 즐거움을 발견할 수 있도록 도와주어야 한다.

아울러 창의력 계발에 도움이 되는 도구들을 마련해 주어야 한다. 예를 들면, 초등학교에 다니는 아이들의 경우에는 수수깡, 풀, 반짝이, 찰흙, 솜, 색종이, 다 쓴 화장지 롤, 끈 등 필요하다고 생각하는 물품들을 담은 플라스틱 박스를 제공하라. 아이들이 그것들을 재료 삼아 무엇인가를 창작해 내는 모습을 보면 아마도 깜짝 놀랄 것이다.

그림 그리기와 색칠 놀이를 좋아하는 아이도 있고, 책 읽기를 좋아하는 아이도 있을 것이다. 스포츠와 음악, 연극 놀이를 좋아하는 아이도 있고, 자기 손으로 무엇인가를 만들기를 좋아하는 아이도 있을 것이다. 아이들이 어떤 일에 눈빛을 반짝이며 기뻐 환호하는지를 살펴보라.

물론 아이들은 성장하면서 매번 관심이 바뀐다. 그래도 상관없다. 아이들의 영구적인 재능이 무엇인지를 확실히 알기 전까지는 본격적으로 투자할 필요가 없다. 딸아이가 구슬 공예에 관심을 보인다면 처음에는 필요한 재료를 약간만 준비해 주는 것이 좋다. 재료가 좀 더 필요하다면 다 사용하고 난 다음에 또 사주면 된다. 처음부터 구슬과 실을 옷장 가득 마련해 줄 필요는 없다. 자유로운 상태에서 다양한 일을 해보도록 내버려 두라.

실패의 교훈

아이들은 새로운 것을 시도했다가 때로 실패하기도 한다. 그래도 괜찮다. 실패도 인생의 한 부분이다. 넘어질 수 있는 기회를 주지 않으면 다시 일어나 새롭게 도전하는 법을 가르칠 수 없다. 자전거 타기를 배웠던 때를 기억하는가? 바느질은 또 어땠는가? 단 한 번의 시도로 모든 것을 완벽하게 해낼 수는 없다. 아이들이 실패하는 것을 두려워하지 말라. 하던 일을 중단하고 새로운 일에 도전하도록 격려하거나 호흡을 가다듬고 다시 시도할 수 있도록 권하라. 우리는 그런 과정을 겪으면서 필요한 것을 배우게 된다.

존 로즈먼드는 "사회적인 기술이든, 학문적인 기술이든, 감정적인 기술이든, 어떤 기술을 습득하든지 간에 절망은 반드시 찾아온다. 실패는 아이들에게 그런 상황을 이해할 수 있게 해준다. 아이들은 실패를 통해 인내하는 법을 배운다. 우리 모두의 경험에서 알 수 있듯이 인내는 성공을 이루는 데 반드시 필요한 요소다."[1]라고 말했다.

시도하고, 실패하고, 다시 시도할 때마다 아이들의 마음에는 자신감이 형성된다. 이 중요한 삶의 기술을 배울 수 있는 기회를 자녀들에게서 빼앗아서는 안 된다. 부모의 지나친 개입이 오히려 역효과를 낳을 수도 있다는 점을 잊지 말라.

로즈먼드는 동정하는 태도보다는 이해하는 태도를 보이라고 권고한다. 그는 "이해하는 태도는 아이에게 '이제 이런 상황에서 어떻게 하겠느냐?'는 무언의 메시지를 전달한다. 하지만 동정하는 태도는 '가엾기도 해라. 아무 잘못도 없는데 이런 일을 당하다니.'라는 메시지를 암묵적으로 전달함으로써 아이를 응석받이로 만들기 쉽다."[2]라고 말한다.

아이들이 스스로 문제를 해결하는 방법을 배울 수 있도록 도우라. 나는 아이들이 도움을 요청할 때 선뜻 응하지 않으려고 노력하는 중이다. 아이들에게 해결책과 대안을 제시하기보다는 "앞으로 어떤 계획을 세워 그 일을 해결할 생각이니?"라고 묻는 편을 선택하려고 애쓴다. 그렇게 한 뒤부터 아이들의 자신감은 크게 향상되었다.

성격 유형의 파악

우리 가족은 성격 유형을 분석하는 다양한 검사 도구를 이용해 즐거운 시간을 보낸 적이 있다. 성격 유형을 분석한 결과, 우리 가족은 내향적인 성격 또는 외향적인 성격을 가진 사람들로 구성되어 있다는 것을 알게 되었다. 그리고 창의력이 뛰어난 유형과 분석 능력이 뛰어난 유형, 두 가지가 혼합된 유형이 있다는 사실도 알게 되었다.

아이들에게 굳이 다른 사람을 닮기 위해 노력할 필요가 없다고 말해 주라. 왜냐하면 하나님은 각 사람을 저마다 독특하게 만드셨기 때문이다. 우리 아들은 그림을 잘 그리지만 남편과 나는 그림에 소질이 없다. 우리 딸은 10분도 못 되어 멋진 시를 짓지만 나는 한 시간이 넘게 궁리해도 단 한 구절도 생각해 내지 못한다.

자녀의 독특한 성격

최근에 우리 가족은 저녁 식사를 하면서 게리 채프먼의 『5가지 사랑의 언어』를 화제 삼아 즐거운 시간을 보낸 적이 있다. 채프먼은 자신의 책에서 사람마다 사랑을 느끼는 방식이 다르다고 말했다. 사람들은 주위에 있는 이들이 사랑의 표현을 통해 자신의 욕구를 충족시켜 줄 때 가장 깊은 사랑을 느낀다. 채프먼은 그와 같은 사랑의 표현을 "인정하는 말", "함께하는 시간", "선물", "봉사", "스킨십"으로 규정했다.3)

나는 그의 말을 통해 새로운 깨달음을 얻었다. 나의 사랑의 언어는 첫 번째가 '함께하는 시간'이고, 두 번째가 '선물'이라는 점을 알게 된 것이다. 나는 내가 사랑하는 사람들이 나와 함께 시간을 보낼 때 가장 깊은 사랑을 느끼곤 한다. 하지만 다른 가족의 사랑의 언어는 나와는 달랐다. 우리는 각자가 가장 의미 있게 느끼는 방식으로 서로에 대한 사랑을 표현해야 한다는 점을 알 수 있었다.

당신의 가정은 어떤가? 언제 가장 깊은 사랑을 느끼는가? 가족들이 어떤 사랑의 언어를 좋아하는지를 알려면 그들이 다른 사람들에게 어떤 식으로 사랑을 표현하는지를 관찰해 보면 된다. 사람들은 종종 자신들이 사랑받기를 원하는 방식대로 사랑을 표현하곤 한다.

당신의 가정에는 사자, 비버, 수달, 황금 사냥개가 살고 있는가? 게리 스맬리와 존 트렌트는 『네 가지 사람들 두 가지 사랑법』이라는 책에서 사람의 성격을 사자형, 비버형, 수달형, 황금 사냥개형으로 분류했다. 각각의 성품에 따라 두 가지 사랑법을 지혜롭게 표현해야 한다는 내용이다. 그밖에 색깔이나 기질로 사람들의 성격 유형을 분류하는 테스트 방법도 있다. 하지만 놀랍게도 결과는 테스트 방법에 상관없이 거의 일정했다.

성격 유형 설문지 가운데 하나를 선택하여 저녁 시간에 가족과 함께 한번 테스트해 보라. 서로의 성격을 파악할 수 있을 뿐 아니라, 다른 사람이 나를 보는 방식과 내가 나 자신을 바라보는 방식이 어떻게 다른지를 알 수 있는 좋은 계기가 될 것이다.

감사하게도 하나님은 우리 모두를 각기 다르게 만드셨다. 자녀들이 자신들의 성격 가운데 긍정적인 요소는 발전시키고, 부정적인 요소는 잘 극복할 수 있도록 도와주라. 특히 정체성의 혼란을 겪는 질풍노도와 같은 십대 시절에는 사랑으로 감싸 안고 그들의 모습을 있는 그대로 받아들일 수 있어야 한다. 하나님이 자녀들에게 허락하신 재능과 은사를 격려하고, 그분이 축복하신 독특한 성품을 인정해 주라.

대개 부모들은 자녀의 관심과 능력이 자신들의 기대에 미치지 못한다는 이유로 크게 실망하곤 한다. 그런 부정적인 감정이 자녀에게 전달되지 않도록 주의하라. 스포츠를 좋아하는 아버지에게 미술과 음악에 소질이 있는 아들이 태어났다면 선택이 필요하다. 아들의 재능을 인정해 주거나 억지로 자기가 원하는 모습으로 만들거나 둘 중에 하나를 선택해야 하는 것이다. 후자를 선택한다면 아버지와 아들 모두 깊은 좌절을 맛보게 될 것이다.

서로 합의점을 찾아 하나님이 각 사람에게 허락하신 재능과 은사를 계발해야 한다. 하나님은 자녀들의 개성에 맞는 사역과 일을 계획하시고 그것들을 이루게 하신다.

우리 아들은 축구를 좋아해서 7년 동안 축구를 하고 있다. 우리 딸은 축구 외에도 소프트볼이나 체조를 좋아한다. 최근에는 열심히 기타를 배우고 있다. 자녀가 어떤 일에 관심을 보이면 격려하라. 스스로 선택한 활동을 싫어하게 되더라도 크게 신경 쓸 것 없다. 한동안 열심히 해보다가 포기하면 좋은 경험을 했다 생각하고 다른 일을 시도하도록 격려하라.

의사소통

아이들은 상대방이 자신의 말에 귀를 기울인다고 생각할 때 입을 연다. 그리고 상대방이 자신의 말을 진지하게 듣는지 아닌지를 금방 알아차린다. 진지하게 귀를 기울이지 않을 때는 쉽게 말문을 열려고 하지 않는다. 아이들이 말을 할 때는 하던 일을 멈추고 진지하게 귀를 기울여야 한다. 아이들의 말에 즉시 귀를 기울일 수 없는 상황일 때는 약속 시간을 정하고 그때 다시 이야기를 들어줘야 한다. 그러면 아이들은 부모가 자신을 소중하게 여긴다는 사실을 알게 된다.

　잔소리를 위한 잔소리는 옳지 않다. 물론 책망은 필요하다. 하지만 여러 번 칭찬하다가 한 번 책망할 경우에는 부정적인 경험만 기억에 남게 될 확률이 높다. 자녀를 인정하고 사랑하면서 요구 사항을 말할 수 있는 균형 있는 태도가 필요하다. 항상 꾸중만 한다면 아이들이 슬금슬금 눈치를 보며 피할 것이 분명하다. 하지만 사랑하고 인정하는 분위기를 마련해 주면 마음에 있는 생각을 솔직히 털어놓을 것이다.

　때로는 진지한 대화를 나눌 수 있는 기회를 마련해야 한다. 나는 아이들과 함께 자동차를 타고 가는 시간이 가장 좋았다. 아이들은 내게 종종 깜짝 놀랄 만한 질문을 던졌고, 분주한 일상생활을 하는 동안에 하지 못했던 말들을 털어놓기도 했다. 그런 시간을 마련하라. 대화를 나눌 수 있는 시간을 만들라. 아이들에게 구체적으로 사랑을 느끼게 하는 방법 가운데 하나는 바로 적극적으로 경청하는 자세다.

　아이들의 사생활을 보호하는 것 또한 중요하다. 비밀스럽게 털어놓은 이야기를 떠벌려서는 안 된다. 아이들이 십대가 되면 특별한 언질이 없는 한 모든 것이 비밀이라고 생각하면 된다. 십대 아이들은 비밀이 많다. 아이들이 얼마나 많은 이야기를 하느냐는 그들의 사생활을 얼마나 잘 지켜 주느냐에 달려 있다(비밀을 지키는 것이 아이나 친구에게 위험을 초래하는 상황인 경우에는 예외다. 물론 배우자에게는 비밀로 할 필요가 없다. 이렇게 말하는 이유는 전해 들은 이야기를 생각 없이 떠벌리지 말라는 뜻이다).

격려와 칭찬

아이들은 부모가 자신들이 하는 일이나 관심사를 중요하게 생각할 때 활기를 띤다. 아이가 하는 일에 관심을 기울이라. 최소한 아이가 어떤 일을 할 때 함께 있어 주라. 부모가 단 한 번도 보러 오지 않는 상황에서 운동 경기를 하는 아이들이 너무나도 많다. 참으로 안타까운 일이다. 경기가 있을 때 혹시나 하는 마음으로 청중 가운데서 부모의 모습을 찾는 아이들을 볼 때면 가슴이 몹시 아팠다. 물론 우리 코치들은 최선을 다해 아이들을 격려하려고 노력했다. 하지만 그런 노력은 부모가 직접 격려하고 응원하는 것에는 비할 바가 못 된다.

아이들의 활동에 함께 참석하라. 그들이 좋아하는 일에 관심이 있다는 모습을 보여 주라. 초등학교에 다니는 아이들은 경기나 연습을 할 때 부모가 지켜봐 주기를 원한다. 나이가 좀 더 들면 연습하는 모습까지 봐주기는 원하지 않지만, 최소한 부모 중 한 사람은 경기를 봐주기를 바란다. 부모의 참석은 자녀에게 매우 귀중한 의미를 갖는다.

그들이 하는 일에 관심이 있다는 것을 보여 주라. 날씨가 흐리든 화창하든, 형편이 닿든 닿지 않든, 경기가 있을 때는 가능한 한 참석하라.

각자에게 주어진 재능과 은사는 자기 자신만을 위한 것이 아니라는 점을 일깨워 주는 것도 중요하다. 아이들이 자신의 재능을 다른 사람들을 위해 사용할 수 있도록 도우라.

운동에 소질이 있다면 그렇지 못한 아이들을 놀리기보다 친절하게 가르쳐 주고 격려하는 사람이 되라고 가르치라. 미술에 소질이 있다면 그림을 그려 나눠 주거나 적당한 장소에 전시함으로써 다른 사람들에게 기쁨을 주도록 격려하라. 음악에 소질이 있다면 교회에서 노래를 하거나 연주하게 하라. 은사는 쌓아 두는 것이 아니라 사용해야 하는 것이다. 그렇게 할 수 있는 방법을 자녀에게 가르치라.

자녀에게 은사와 재능에 관해 가르치고 싶다면 다음의 질문들을 생각해 보라.

- 자녀의 독특한 은사와 재능이 무엇인지 알고 있는가?
- 자녀의 재능을 발전시키기 위해 어떻게 도와주고 있는가?
- 내게 주어진 은사는 무엇인가? 나는 그것을 어떻게 사용하고 있는가?
- 자녀가 관심을 기울이는 일에 어떤 식으로 동참하고 있는가?
- 자녀에게 내가 원하는 일을 강요하는가, 아니면 자녀의 관심과 능력에 걸맞은 활동을 자유롭게 선택하게 하는가?

- 어떤 방법으로 자녀의 관심사를 격려하고 있는가?

초등학생이나 중학생을 자녀로 둔 경우에는 다음의 질문들을 생각해 보라.

- 자녀에게 텔레비전 시청이나 비디오 게임 외에 다른 할 일을 찾아보라고 독려하는가?
- 창의력 계발에 도움이 될 재료를 사주었는가?
- 자녀의 가장 중요한 사랑의 언어는 무엇인가?
- 자녀가 어떤 성격 유형에 속하는가?
- 자녀의 꿈을 알고 있는가?

십대 후반의 자녀를 둔 경우에는 다음의 질문들을 생각해 보라.

- 자녀의 현재 모습을 있는 그대로 사랑하고 있음을 보여 주는가?
- 자녀를 사랑으로 책망하는가?
- 자녀와 단 둘이서 진지하게 대화를 나눈 적이 언제인가?
- 자녀가 무슨 생각을 하고 있으며, 어떤 문제를 중요하게 생각하고 있는지를 알고 있는가?
- 고쳐야 할 행동이 있는 상황에서도 자녀에게 변함없이 애정을 표현하

는가?

- 주어진 재능을 활용하는 방법을 가르쳐 주고 있는가?

Parenting
in the
home stretch

chapter 7
확고한 신앙을 심어 주라

조지 바나가 이끄는 바나 리서치 그룹은 몇 차례의 설문 조사를 통해 사람들이 그리스도를 영접하는 시기를 조사했다. 그 결과 그리스도를 영접할 확률이 13세에는 32퍼센트이지만, 18세에는 4퍼센트로 하락한 것으로 나타났다.[1]

그들은 이렇게 보고했다. "조사 결과 13세 때의 영적 상태가 성인이 된 이후의 영적 상태에 지대한 영향이 미친다는 사실이 드러났다. 이를 볼 때 강하고 깊이 있는 신앙 인격이 형성되려면 어린 시절과 사춘기 시절에 적절한 전략을 세워 신앙 교육에 의도적인 노력을 기울여야 할 것 같다."[2]

이런 수치는 일찍부터 자녀들에게 신앙을 전수하는 것이 중요하다는 점을 상기시켜 준다. 아이들에게 살아가는 기술만 가르치고 신앙 교육은 소홀히 한다면, 마음이라는 가장 중요한 영역을 무시하는 결과를 낳는다. 인간에게는 만물을 다스리시는 창조주 하나님이 존재하신다는 것을 알고 싶어하는 간절한 욕구가 있다. 세상의 부조리를 인식할 때는 더욱 그렇다.

부부의 신앙이 다른 경우

아내와 남편의 신앙이 서로 다른 경우에는 어떻게 해야 할까? 어떤 부모들은 그런 상황에서 "우리는 우리의 신앙을 아이들에게 강요하지 않아요. 나중에 성인이 되었을 때 스스로 선택하게 할 겁니다."라고 말한다. 하지만 그때가 되면 이미 늦고 만다. 신앙 문제는 결코 뒤로 미룰 수 있는 사안이 아니다. 신앙 교육은 어렸을 때부터 시작되어야 한다. 부부가 서로 신앙이 다르더라도 일치하는 점을 찾아 그것을 강조함으로써 신앙 교육을 실시해야 한다.

신앙에 관해 침묵을 지키는 것은 가장 잘못된 선택이다. 부부의 신앙이 서로 다를 때는 지혜를 발휘해 창의적이고 평화로운 해결 방법을 찾아야 한다. 하지만 노력조차 기울여 보지 않고 자녀에게서 신앙의 유산을 물려받을 기회를 박탈해서는 안 된다.

부모의 책임

부부가 같은 신앙을 가졌더라도 아이들만 교회에 데려다 주고 둘은 점심을 먹으러 간다면 부모의 소임을 다했다고 볼 수 없다. 아이들은 부모의 그런 태도를 보고 부모에게는 교회가 별로 중요하지 않은 것 같다는 인상을 받을 것이다. 교회에서 성도의 교제를 나누는 것은 가족 모두에게 반드시 필요한 일이다.

다음 말씀은 부모가 해야 할 일을 명시한다.

"오늘날 내가 네게 명하는 이 말씀을 너는 마음에 새기고 네 자녀에게 부지런히 가르치며 집에 앉았을 때에든지 길을 갈 때에든지 누워 있을 때에든지 일어날 때에든지 이 말씀을 강론할 것이며" 신 6:6-7.

우리는 위의 말씀을 통해 영적 훈련은 비단 일요일 아침에만 국한되는 것이 아니며, 신앙 훈련의 책임도 주일학교 교사에게만 있지 않다는 점을 깨달을 수 있다. 아이들에게 신앙을 전수하는 것은 부모의 책임이다. 잠언 22장 6절은 "마땅히 행할 길을 아이에게 가르치라 그리하면 늙어도 그것을 떠나지 아니하리라"고 말한다. 어렸을 때 필요한 습관과 신앙을 가르치면 나중에 성인이 되어서도 그것을 잊지 않을 것이다.

자아 성찰

사람은 각자 하나님과 관계를 맺어야 한다. 따라서 자녀들이 부모의 신앙에 편승하는 것은 불가능하다. 장차 하나님은 우리에게 그분과의 관계를 물으실 것이다. 또한 우리 자녀에게도 똑같은 질문을 던지실 것이다. 부모에게는 아이들이 하나님과 견고한 관계를 맺도록 도와주어야 할 책임이 있다. 그들과 하나님과의 관계는 우리와 그분과의 관계와는 다른 문제다. 그러면 어떻게 해야 할까?

먼저 부모부터 하나님과 올바른 관계를 맺어야 한다. 의문이나 의심이 드는 문제가 있을 때면 교역자에게 도움을 요청하라. 그런 문제를 자녀들과 상의하는 것은 바람직하지 않다. 부모는 자녀를 가르치고 인도해야 한다. 역할이 바뀌어서는 곤란하다. 어린아이들은 위선을 순식간에 감지해 낸다. 따라서 말로만 가르치지 말고 직접 믿어야 한다.

은퇴한 간호사이자 기독교 카운슬러인 조이스 스티븐스는 다음과 같이 말했다.

"자라는 동안 교회는 항상 저에게 중요했어요. 그리고 친구들 대부분이 교회에서 사귄 친구였죠. 하지만 그리스도를 실제로 알게 된 때는 40대 후반이 훌쩍 넘어서였답니다.

저는 매주 아이들을 교회에 데려갔어요. 그런데 우리 가족이 출석했던 교회는 죄와 회개와 같은 말들을 별로 심각하게 생각하지 않았어요.

하나님의 섭리 아래 여러 가지 우여곡절을 겪은 뒤 우리 가족은 일리노이 주에 있는 배링턴의 윌로우크리크 교회에 출석하기 시작했어요. 그런데 항상 골칫덩이로만 여겼던 우리 아들 폴이 성경에 나오는 바울과 비슷한 경험을 하게 되었어요. 말에서 떨어진 뒤에 비로소 진리를 깨닫게 되었죠. 어느 날 저녁, 폴은 우리를 불러 앉히더니 '엄마, 아빠! 드릴 말씀이 있어요.' 라고 말했어요. 그런 다음 자신의 신앙에 대해 이야기하면서 우리 부부가 잘못된 길로 나가고 있다고 하더군요.

저는 처음에는 모욕감을 느끼고 폴을 꾸짖으려 했지만, 마음속에서 '잠잠하라.' 고 하시는 주님의 음성이 들려왔어요. 저는 입을 다물었고, 폴에게 그런 말을 해주어서 고맙다고 말했어요.

그로부터 몇 주 뒤 고속도로를 운전하는 동안 주님은 '조이스야, 이제 때가 되었다.' 라고 말씀하셨어요. 저는 '네, 알았습니다.' 라고 대답했죠. 그리고 불과 일주일만에 남편이 전혀 예기치 않은 방법으로 주님을 영접하게 되었어요.

이런 경험은 다른 부모들에게도 격려가 되리라고 생각해요. 반드시 주님이 정하신 때가 있어요. 주님의 뜻을 우습게 생각해서는 안 되죠. 일시적으로 비뚤어진 아이가 걱정스러워 법석을 떨어 봤자 아무 소용이 없어요. 오직 주님만이 그가 무엇을 하는지 알고 계시죠.

그리스도를 영접한 후 우리의 경험을 아들 앤디에게도 말해 주었어요. 지금은 앤디뿐만 아니라, 앤디의 아내와 아이들도 모두 거듭난 신자가 되었답니다.

때로 부모가 아이들의 잘못을 바로잡아 주기도 해야 해요. 하나님은 우리보다 그들의 구원에 훨씬 더 적극적이세요. 너무 강압적으로 나가면 오히려 역효과가 날 가능성이 높으니 마치 줄타기를 하듯 신중해야 해요.

놀라운 소식은 손주들이 친구들을 그리스도께 인도하고 있다는 사실이에요. 신앙이 대대로 이어지고 있는 거죠. 우리는 모두 '야호, 하나님!'이라고 말한답니다."

둘째, 하나님과 올바른 관계를 맺은 다음에는 믿음의 길을 걸어야 한다. 교회 출석이 중요하다고 믿으면 온 가족이 함께 교회에 나가라. 각자가 배운 바를 논의하는 시간을 정기적으로 갖고, 자녀들에게 신앙과 관련된 질문을 던지라. 예지가 번뜩이는 대답을 듣고 경탄할 때도 있을 것이고, 중요한 진리를 잘못 이해했거나 간과한 것이 드러나 경각심을 갖게 될 때도 있을 것이다. 그런 문제들을 언급하지 않으면 아이들이 무슨 생각을 하고 있는지 알 수 없다.

신앙과 관련된 깊은 대화가 이루어지려면 그 전에 미리 편안하고 자연스러운 분위기가 조성되어야 한다. 아이들은 답변을 원한다. 자상한 태도로 조심스럽게 자녀들을 진리로 인도하라.

처음에 설교 시간에 무엇을 배웠는지 구체적으로 말해 보라고 하면 아이들은 십중팔구 "지금 심문하세요?"라고 투덜거릴 것이다. 하지만 나중에 부모가 질문을 던질 것을 알면 좀 더 집중해서 설교를 들을 것이 분명하다. 필요하다고 판단될 때는 약간의 강제성을 띠는 것도 괜찮다. "요셉에 관한 말씀을 들었어요."라는 식으로 두루뭉술하게 넘어가게 해서는 안 된다. 그런 때는 "요셉에 관해 새롭게 깨달은 것이 있니?"라는 질문을 던져야 한다.

셋째, 솔직해야 한다. 물론 개인적인 의문 사항을 모두 언급할 필요는 없다. 자신이 깨달은 만큼만 자녀들에게 말하는 것으로 족하다. 자녀들에게 실패하는 모습도 보여 주고, 그것을 극복해 나가는 모습도 지켜보게 하라.

우리 가운데 초월적인 능력을 지닌 사람은 아무도 없다. 모든 것을 다 똑바로 할 수는 없는 노릇이다. 피곤하다는 이유로 가족들에게 쓸데없이 신경질을 부렸을 때는 겸손히 용서를 구해야 한다. 해서는 안 될 말을 했을 때도 아이들 앞에서 잘못을 고치는 모습을 보여 주어야 한다. 완벽한 삶을 사는 것은 불가능하지만, 그래도 열심히 노력하는 모습을 보여 주면 아이들도 각자 믿음에 충실하기 위해 최선을 다할 것이다.

특히 자녀의 나이가 십대에 접어들면 부모의 삶은 더욱더 일관성을 유지해야 한다. 그래야만 아이들이 부모를 신뢰하고 자신의 속내를 솔직히 털어놓게 된다. 가식적인 모습을 조금이라고 보여 준다면 아이들은 부모를 신뢰할 수 없는 인도자로 간주할 것이다. 진실한 삶은 매우 중요하다. 우리는 믿음을 실천에 옮겨야 한다.3)

넷째, 하나님과 좀 더 친밀한 관계를 맺기 위해 노력해야 한다. 부모가 믿음이 부족하면 자녀들을 영적으로 올바로 이끌기 어렵다. 에베소서 4장 26절은 "분을 내어도 죄를 짓지 말며 해가 지도록 분을 품지 말고"라고 말한다.

화를 내지 않는 사람은 없다. 따라서 화가 났을 때 그것을 잘 처리하는 방법을 자녀들에게 가르쳐 주어야 한다. 하지만 부모가 늘 화를 내는 성격이라면 자신의 문제를 기꺼이 인정하기 전에는 자녀들에게 분노의 감정을 다스릴 수 있는 방법을 가르칠 수 없다. 내 말은 듣되 내 행동은 본받지 말라는 어설픈 논리를 내세워서는 곤란하다. 자신의 잘못된 성격을 고치려고 노력하면서 하나님께 도움을 구하는 것이 옳다. 아이들에게도 자신의 성격을 고칠 수 있도록 도와달라고 요청하라.

기도 생활

기도 생활은 기본적인 것 같지만 놀랍게도 교회에 정기적으로 출석하면서도 식사할 때 감사 기도를 드리지 않는 가정이 매우 많다. 자녀들을 기도에 참여시키라. 어렸을 때는 간단한 기도문을 외워 기도하게 할 수도 있다. 물론 나이가 들었을 때도 이따금 기도문을 이용할 수 있다. 어쨌든 처음부터 아이들에게 소리 내어 기도할 수 있는 기회를 제공해야 한다.

부모가 먼저 기도로 본을 보인 후에 자녀들이 순서대로 기도할 수 있게 하라. 기도가 "맛있는 음식을 주셔서 감사합니다."라고 한마디에 그치는 경우에는 매번 조금씩 좀 더 깊이 있는 기도를 드릴 수 있도록 지도하라. 다른 일들과 마찬가지로 소리 내어 하는 기도도 연습하면 점차 쉬워진다.

경건 시간

매일 시간을 정해 놓고 성경을 읽고 묵상하고 기도하는 생활을 하고 있는가? 그렇지 않다면 지금 당장 시작하라. 하나님은 물론 가족들과 친밀한 관계를 맺으려면 반드시 그런 시간이 필요하다. 성경은 우리를 위한 하나님의 사랑의 편지이자 살아가는 법을 가르치는 지침서다. 시간을 정해 놓고 하나님 앞에 홀로 앉아 기도하며 말씀을 읽으면 그분이 어떤 삶을 원하시는지 알 수 있다.

자녀 양육은 우리에게 주어진 가장 중요한 책임이다. 가정이라는 제도를 세우시고 우리 자녀를 만드신 하나님께 도움을 구하는 것은 지극히 당연한 일이다.

아이들에게 경건 시간을 갖는 모습을 보여 주라. 잠시 경건 시간을 갖기 위해 방으로 들어갈 테니 방해하지 말라고 말하라. 처음에는 아이들이 그 시간을 방해할지도 모른다. 하지만 끝까지 굽히지 않고 경건 시간의 중요성을 일깨워 주면 아이들도 기도 시간을 방해하지 않을 것이다.

아동용 묵상 자료로 사용하기에 좋은 책들이 몇 권 있다. 아이들이 글 읽는 법을 깨우치면 곧 그런 책들을 사주고, 하루에 단 몇 분이라도 하나님과 함께하는 시간을 가지라고 가르치라. 또한 책에 언급된 일화를 읽는 것에만 그치지 말고, 인용된 성경 구절이나 본문을 성경에서 직접 찾아 읽어 보게 하라. 성경은 경건 시간에 가장 큰 비중을 차지한다.

가정 예배

가정 예배를 드리기란 매우 어렵다. 하지만 가정 예배는 중요하기 때문에 열심히 노력해야 한다. 생활이 너무 분주하다 보면 가정 예배를 드리려는 계획에 차질이 생길 수 있으니 주의해야 한다. 게이 마틴의 말을 들어 보자.

"우리는 가정 예배를 드리려고 필사적인 노력을 기울였어요. 가정 예배를 여러 가지 형태로 시도해 보았는데, 아이들이 십대가 되어서야 비로소 매일 오후에 가정 예배를 드리는 습관이 정착되었죠. 우리는 먼저 성경 한 장을 균등하게 나누어 각자 아무 곳이나 원하는 대로 몇 구절을 읽게 했어요. 그런 다음 각자가 좋아하는 구절을 말해 보라고 했죠. 그것은 서로 읽지 않은 구절들을 대략적으로나마 파악하게 하려는 시도였답니다.

어느 날 스콧과 스티브가 집에 있었어요. 당시 스콧은 데이트를 나갈 준비에 바빴어요. 스티브가 짐짓 엄숙하고 경건한 표정을 지으며 '먼저 가정 예배를 드려야 하지 않나요?'라고 묻기에, 저는 그래야 한다고 대답했죠. 스콧은 한숨을 푹 내쉬더군요. 아이들은 성경을 뒤적이다가 시편 132편을 선택했어요. 전체 구절이 18절밖에 되지 않아 예배가 간단하게 끝날 거라고 생각하면서 말이죠.

두 아이가 각자에게 할당된 성경 구절을 읽기 시작했어요. 두 아이는 서로 상대방이 성경 구절을 읽을 때마다 발음이 이상하다, 그렇게 읽다가 언제 다 읽겠느냐는 식으로 빈정대더군요. 그러는 동안 저는 하나님께 이런 식의 엉망진창인 예배에도 함께하시는지 여쭈었어요. 그리고 하나님께 '제 생각에는 이것은 시간 낭비일 뿐입니다. 이런 실망스러운 상황을 어떻게 해결할 생각이신가요?'라고 말씀드렸죠.

마침내 예배가 끝나자 스티브는 '우리 성경을 좀 더 읽으면 안 되나요?'라고 말했어요. 그 말은 스콧에게 직격탄을 날리는 것이나 다름없었죠. 스티브의 요구를 막 거절하려고 하는데 시편 133편이 3개의 구절로만 이루어진 것이 눈에 띄었어요. 저는 스콧에게 '이것만 더 읽고 너는 그만 가봐도 좋다.'라고 말했어요.

시편 133편은 '보라 형제가 연합하여 동거함이 어찌 그리 선하고 아름다운고'라는 말씀으로 시작해요. 두 아이는 지금 40대가 훌쩍 넘은 어른이 되었는데도 그때 봤던 이 구절을 지금도 한 자도 틀림없이 외우고 있어요. 지금 생각하니 당시의 예배는 결코 시간 낭비가 아니었네요."

때로는 가정 예배 시간이 다른 때보다 더욱 효과적일 때가 있다. 우리는 개인의 경건 시간만을 강조하고 가정 예배를 등한시하는 경향이 있다. 하지만 둘 다 중요하다. 가정 예배에 관한 소책자나 지침서를 참고해 식사 시간 후에 단 몇 분이라도 가족이 함께 예배하는 시간을 가지라. 혼란한 상황이 야기된다고 해도 결코 포기하지 말라.

교회 활동

릭 워렌은 『목적이 이끄는 삶』이라는 책에서 교인을 두 부류로 분류했다. 하나는 단순한 출석자 관객처럼 교회에 왔다 갔다 하는 사람이고, 다른 하나는 적극적인 참여자 교회 활동에 적극적으로 참여하는 헌신적인 신자다. 당신은 어느 쪽에 속하는가?

아이들이 점차 성장해 십대 청소년이 되면, 교회는 친구들을 만나 즐거운 시간을 보내는 장소가 아니라는 점을 깨우쳐 주어야 한다. 하나님은 우리가 교회만 왔다 갔다 하는 사람이 되는 것을 원하지 않으신다. 우리는 하나님이 허락하신 은사와 재능을 그분의 나라를 위해 사용해야 한다. 자녀들이 그들의 은사와 재능을 탐구하고 발견해 나가는 중이라면 그것을 교회에서 사용하는 방법을 찾을 수 있게 도와주어야 한다.

주변에서 머무르며 밖에서 안을 들여다보기만 한다면 잘못만 찾아내기 쉽다. 나는 종종 "도움을 주지 않는 사람은 불평할 자격이 없다."라고 말하곤 한다. 나는 십대가 된 우리 아이들에게도 그렇게 말한다. 그 이유는 "이 일은 너무 지겨워."라는 말이 십대 청소년들이 가장 흔히 늘어놓는 푸념이기 때문이다. 그런 푸념은 십중팔구 적극적인 참여자가 아닌 관객의 입장에 선 사람들이 입에서 나온다.

자녀들이 교회 활동에 참여할 수 있는 방법을 찾아보라. 예를 들면, 주일학교 봉사를 하게 할 수도 있고, 교회 주변을 청소하는 일을 시킬 수도 있다. 자녀들에게 교회에서 봉사하며 헌신할 수 있는 기회를 제공하라. 부모가 먼저 본을 보이며 격려해 준다면 지루하다고 불평하기보다 적극적으로 교회 활동에 참여하게 될 것이다.

내가 아는 한 젊은 목회자는 "무릇 많이 받은 자에게는 많이 요구할 것이요"눅 12:48라는 말씀을 늘 입버릇처럼 말하더니, 나중에는 간단히 줄여 "많이 받은 자"라고만 말하곤 했다. 당시 그의 말은 매우 성가시게 느껴졌다. 하지만 그가 말하고자 하는 뜻은 분명했다. 하나님이 허락하신 은사를 그분의 영광을 위해 사용해야 한다는 사실을 일깨워주고 싶었던 것이다. 우리는 자녀들 앞에서 모범을 보이며 그들도 똑같은 행동을 하도록 이끌어야 한다. 기대하지 않으면 아무것도 얻을 수 없다.

참된 예배 활동

어떤 마음으로 교회에 가는가? 혹시 가족 모두가 교회에 가는 것을 싫어하거나 귀찮게 생각하고 있지는 않은가? 만일 그렇다면 자녀들에게 어떤 말을 할 수 있을까?

교회는 단지 인간을 위해 존재하지 않는다. 예배는 다른 신자들과 연합해 하나님께 우리의 마음을 드릴 수 있는 기회를 제공한다. 하나님이 우리를 위해 어떤 일을 하시는지 보기 위해 교회에 간다면 그것은 잘못이다. 물론 성령의 음성을 듣는 예기치 않은 축복을 받을 수도 있다.

하지만 교회에 가는 참된 동기는 하나님을 찬양하기 위해서다. 항상 '내게 뭐 유익한 일이 있을까?' 하고 생각하는 아이들에게 그 점을 가르치기란 그리 쉽지 않다. 만일 부모인 우리가 그런 생각을 한다면 이는 매우 심각한 문제가 아닐 수 없다.

하나님을 예배하는 일을 기쁘게 생각하라. 우리는 지금 아무런 두려움 없이 마음껏 예배를 드릴 수 있는 자유 국가에서 살고 있다. 이것은 다른 곳에 살고 있는 수많은 기독교인이 부러워하는 놀라운 특권이다. 우리는 우리 자녀에게 이러한 특권을 귀하게 생각할 수 있도록 가르쳐야 한다.

다른 나라들의 상황을 잠시 살펴볼 수 있는 기회를 갖는다면 가족들의 안목을 새롭게 열어 줄 수 있을 것이다. 각 나라에 존재하는 참 신자들의 모습을 담은 사진과 통계, 또는 일화를 살펴보고 그들을 위해 기도하라. 패트릭 존스톤과 제이슨 맨드릭이 저술한 『세계기도정보』를 참고하면 많은 기도 제목을 발견할 수 있을 것이다.

예배에 관해 자녀들 앞에서 모범을 보이라. 교회에 갈 때는 항상 기쁘고 긍정적인 태도를 보이라. 그리고 형식에 치우치지 말고 적극적으로 참여하라. 좋은 태도든 나쁜 태도든, 태도라는 것은 주변에 많은 파장을 일으킨다.

신앙의 내용을 이해하고 실천하라. 그런 다음 자녀들에게 신앙에 대해 적극적으로 가르치라. 신앙 교육은 자녀 양육에서 가장 중요한 비중을 차지한다.

자녀의 신앙 교육에 관심이 있다면 다음의 질문들을 생각해 보라.

- 현재 나는 하나님과 어떤 관계를 맺고 있는가?

- 현재의 영적 상태가 만족스럽지 않다면 어떻게 해야 할까?
- 나의 교회 출석 상태는 어떠한가? 가끔 한 번씩 나가는가, 아니면 정기적으로 나가는가?
- 자녀만 교회에 데려다 주는가, 아니면 함께 교회에 나가는가?
- 교회에서 배운 것을 함께 말하는가?
- 경건 시간을 갖는 모습을 자녀에게 보여 주는가?
- 자녀에게도 경건 시간을 가지라고 말하는가?
- 식사 시간에 차례로 돌아가며 기도하는가?
- 비록 매일은 아니더라도 이따금 가정 예배를 드리는가?
- 부모가 교회를 바라보는 시각을 자녀는 어떻게 생각하는가?
- 교회에 나가는 것을 기회로 생각하는가, 아니면 마지못해 하는 고된 일로 생각하는가?
- 내게 주어진 은사와 재능을 교회를 위해 사용하는가?
- 자녀에게도 은사와 재능을 교회를 위해 사용하라고 가르치는가?

초등학생이나 중학생을 자녀로 둔 경우에는 다음의 질문들을 생각해 보라.

- 자녀에게 하나님과 어떤 관계를 맺고 있느냐고 단도직입적으로 물어본 적이 있는가?

- 자녀가 자신이 믿는 바를 명료하게 설명할 수 있는가?
- 어떤 일을 잘못했을 때 진심으로 사과하는 모습을 자녀에게 보여 준 적이 있는가?

십대 후반의 자녀를 둔 경우에는 다음의 질문들을 생각해 보라.

- 자녀가 교회 활동에 참여하고 있는가?
- 지겹다고 불평할 때 어떻게 대답하는가?
- 경건 시간을 갖는 데 필요한 자료를 제공해 주는가?
- 나의 약점을 책임 있게 극복해 나가기 위해서는 자녀의 도움이 필요하다고 생각하는가?

Parenting
in the
home stretch

chapter 8

건강 관리법을 가르치라

　질병통제예방센터CDC의 보고서에 따르면, 12-21세에 속하는 청소년 가운데 거의 절반이 운동을 규칙적으로 하지 않는다고 한다.[1] 운동량이 줄면서 어린이 비만과 당뇨도 크게 증가했다.

　운동하는 아이들이 육체적으로나 정신적으로 건강한 삶을 누릴 수 있다는 사실을 입증하는 자료가 속속 나타나고 있다. 모든 부모의 관심을 자극하는 좋은 소식이 아닐 수 없다. 육체의 건강과 성적 향상의 상호 연관성을 연구하는 연구가들이 점점 늘고 있다. 그들의 연구는 의사와 부모들이 오래전부터 알고 있었던 사실, 즉 활동적인 아이가 뛰어난 사고력을 지닌다는 사실을 다시금 확증해 준다.

　우리 자녀들이 건강한 육체가 가져다주는 혜택을 누리게 하려면 부모가 먼저 모범을 보여야 한다. 텔레비전을 시청하기보다는 자녀와 함께 산책을 나가거나, 자전거를 타거나, 공 던지기를 하거나, 수영이나 스케이트를 즐겨야 한다.

우리 아이들의 경우에는 영화와 비디오 게임이 문제가 되기 시작했다. 친구들이 놀러오면 모두 텔레비전 앞에 모여 앉아 3-4시간씩 영화를 보거나 게임을 즐기는 것이었다. 그런 일이 없게 해야 한다. 아이들이 밖에 나가 신체 활동을 하게 하는 것이 좋다. 나는 아이들이 아무것도 할 일이 없다고 말하면 하기 힘든 집안일 목록을 끄집어내어 할 일을 지시한다. 그러면 아이들은 십중팔구 즉시 밖으로 뛰어나간다.

스트레스 완화

요즘처럼 속도가 빠른 사회에서는 아이들도 스트레스를 받는다. 운동은 스트레스를 완화시킬 수 있는 좋은 방법이며, 특히 사춘기 시절에 매우 중요하다. 그러므로 아이들이 육체 활동을 좋아할 수 있게 만들어야 한다.

아이들에게 스포츠 활동을 권해 보라. 그저 여가 시간을 즐기기 위한 활동도 좋고, 좀 더 경쟁을 요하는 교내 운동 대회나 시가 주최하는 대회에 출전하는 것도 좋다. 특히 학교에서 온종일 갇혀 지낸 후에는 반드시 운동을 하게 해야 한다.

체중 관리와 식습관 지도

아이들이 중학생이 될 무렵에는 남자아이든 여자아이든 체중이 중요한 대화의 화제로 떠오른다. 몸집이 큰 아이들은 놀림감이 되고, 비만인 아이들은 비웃음을 산다. 키가 너무 작거나 빼빼 마른 아이들도 마찬가지다.

개중에는 밖에 나가서 놀기를 싫어하는 아이들이 있다. 그런 아이들은 버스 정류장을 오가는 일을 제외하고는 종일 집에 틀어박혀 텔레비전을 보거나 비디오 게임을 즐긴다. 그러다 보면 결국 비만이 되기 쉽다. 뭔가 변화를 주지 않으면 상황은 더 나아지지 않는다.

이 문제에 대해서는 단호한 태도가 필요하다. 본격적인 운동 계획을 세우든지 세우지 않든지 규칙적으로 밖에서 활동하는 시간을 마련해야 한다.

또한 비정상적인 식습관의 잘못을 일깨워 주어야 한다. 체중계의 눈금이 건강 상태를 말해 주는 유일한 척도는 아니라는 점을 알려 주라. 근육은 지방보다 무게가 더 나간다. 따라서 근육질의 운동선수는 체중이 더 많이 나가기 마련이다. 그런 경우에는 아무 문제가 되지 않으며 오히려 권장할 만한 일이다.

하지만 십대 청소년에게는 어떤 경우든 비정상적인 식습관은 결코 바람직하지 않다. 여자아이의 경우에는 더욱 그렇다. 경고가 필요하다고 생각될 때면 즉시 개입하여 아이의 식습관을 고쳐 줄 수 있어야 한다.

또한 아이가 건강한 신체 이미지를 갖도록 도와주라. 잡지에서 보는 것은 건강한 이미지와는 거리가 멀다. 먹어야 할 음식과 먹지 말아야 할 음식을 구분하는 유일한 척도가 칼로리는 아니다. 나는 며칠 전에 어떤 비만인 여자아이가 하루 세끼 식사도 하지 않고, 고기도 먹지 않는 대신, 칼로리가 낮다는 이유로 각종 과자와 청량음료를 입에 달고 사는 모습을 본 적이 있다. 그런 식습관은 영양의 불균형을 초래할 수밖에 없다.

음식_ 신체의 에너지원

아이들에게 음식이 신체의 에너지원이라는 사실을 일깨워 주어야 한다. 신체가 최상의 상태를 유지하려면 건강한 음식을 섭취해야 한다. 자연 상태에 가까운 음식일수록 몸에 더 좋다. 감자튀김보다는 신선한 과일이 좋다. 칼로리는 비슷하지만 영양소가 완전히 다르다. 과일은 건강에 좋지만 감자튀김은 영양은 부족하고 칼로리만 높다.

자녀를 양육할 때는 부모가 모범을 보이는 것이 가장 중요하다. 과일과 야채, 땅콩버터와 샐러드를 즐겨 먹으라. 영양가 없는 음식을 줄이고 건강에 이로운 음식을 만들어 주라.

아이들이 일찍부터 과일과 채소에 입맛을 들이면 나중에 아무 문제도 일어나지 않는다. 영양 성분을 표기한 라벨을 반드시 읽어 보고 가족의 식탁에서 설탕의 양을 줄이라. 나는 최근에 라벨을 읽어 본 뒤 토마토케첩이 다른 음식보다도 훨씬 더 많은 당분을 함유하고 있다는 사실에 깜짝 놀랐다.

트랜스지방은 가급적 멀리하라. 그런 지방은 소화 흡수가 불완전하기 때문에 몸에 해로운 콜레스테롤을 형성한다. 제조업자들이 트랜스지방을 사용하는 이유는 제품의 수명을 연장하기 위해서다. 가능하면 그런 음식은 가족의 식단에서 제외시키라.

아이들이 다이어트를 언급하며 진지한 관심을 기울인다면 먼저 의사의 조언을 구한 뒤 건강한 음식을 선택하도록 도와주라. 자녀의 고집에 못 이겨 음식에 대한 조언을 삼가는 태도는 바람직하지 않다. 적극적으로 조언하라. 몸에 좋지 않은 음식을 군것질거리로 삼지 않도록 당부하고, 과일과 견과류를 선택하게 유도하라.

영양 권장 기준

자녀들에게 기본 영양소의 의미와 영양 성분이 적힌 라벨을 읽는 법을 알려 주라. 음식이라고 해서 다 똑같지 않다. 영양분은 없고 칼로리만 높은 음식과 몸에 이로운 음식의 차이를 구별하고 음식을 균형 있게 섭취하는 법을 배우게 해야 한다. 아울러 섭취해야 할 음식의 양이 얼마나 되는지를 보여 주라.

계량컵을 처음 꺼내 시리얼 라벨에 표기되어 있는 1회분의 양을 용기에 붓는 순간, 나는 너무 기가 막혀서 그만 크게 웃고 말았다. 생각보다 양이 훨씬 적었기 때문이다. 당신도 자녀들과 함께 한번 시도해 보라. 음식의 양에 대해 새로운 생각을 갖게 될 것이다.

건강 관리

부모들은 대개 아이들이 아프면 의사가 처방해 준 약을 복용하라고 닦달하기 마련이다. 언젠가는 아이들 곁에서 그렇게 챙겨 주지 못할 날이 올 것이다. 그러므로 아이들이 스스로 건강을 관리할 수 있도록 건강 관리법을 가르치라. 자신의 몸이 정상인지 아닌지를 가장 잘 판단할 수 있는 사람은 바로 당사자다.

아플 때마다 약을 복용하는 습관을 들이게 해서는 안 된다. 또한 질병의 징후를 신속히 감지해 위험한 상황을 예방할 수 있는 분별력을 갖게 해야 한다. 의사의 도움을 받아야 할 때를 판단할 수 있는 능력을 길러 주고, 좋은 의사를 찾는 방법을 일러 주라. 딸에게는 규칙적으로 유방암을 진단하는 법을 가르쳐 주라.

충분한 수면

통계에 따르면 아이들은 성장과 변화의 속도가 매우 빠르기 때문에 잠을 많이 자는 것이 좋다고 한다. 하지만 요즘 아이들 대부분이 충분한 수면을 취하지 못하고 있다.

지혜로운 부모는 취침 시간을 정해 놓는다. 그것은 가족 모두에게 유익하다. 아이들은 잠을 잘 수 있고, 부모는 자녀를 양육하는 책임에서 벗어나 부부만의 시간을 가질 수 있기 때문이다. 하지만 아이들은 잠을 자는 것을 싫어한다. 따라서 약간의 다툼이 있을 수밖에 없다. 아이들은 잠자리에 들기 직전에 온갖 종류의 재미를 느끼려고 한다. 또한 부모와 좀 더 같이 있고 싶어한다.

방학이 아닌데도 아이들을 자정이 다 되기까지 잠자리에 들지 않게 놔두는 부모들을 보면 도무지 이해가 안 간다. 취침 시간을 정하고 꼭 지키라. 취침 시간을 지키지 않으면 벌칙이 주어진다는 점을 분명히 하라.

잘 시간에 잠을 자고, 일어나야 할 시간에 일어나는 것이 건강에 가장 좋다. 먼저 부모가 모범을 보이도록 노력하라. 아이가 성장해 취침 시간이 늦어지더라도 부부가 함께 있는 시간을 침해하게 해서는 안 된다. 각자 자기 방에 머물러 있다가 나중에 불을 끄고 잠자리에 들게 하는 것이 좋다.

개중에는 다른 아이들에 비해 잠이 더 많은 아이가 있다. 자녀를 잘 관찰해 보고 어느 정도의 수면 시간이 적당한지를 결정하라. 아이들이 아침에 일어났는데도 활동이 둔하다면 잠을 좀 더 재우는 것이 좋다. 올바른 수면 습관을 갖게 하려면 많은 노력이 필요하겠지만, 이는 매우 중요한 문제이므로 진지한 관심이 필요하다.

술과 담배

요즘 학교는 술과 담배에 관련된 문제에 대해 상당히 바람직한 교육을 시행하고 있는 듯하다. 하지만 부모도 자녀에게 술과 담배의 위험성을 일깨워 주어야 할 책임이 있다. 아이들과 이 문제에 대해 허심탄회한 대화를 주고받으라.

친구인 존슨 부부는 아이들과 이 문제를 놓고 장시간 대화를 나눈 적이 있다. 그 결과 방을 청결하게 유지하고, 술과 담배를 하지 말라는 가정의 규칙이 탄생했다. 아이들은 부모가 그 문제를 매우 진지하게 생각한다는 것을 잘 알고 있다. 존슨 부부는 술과 담배는 경험해 볼 가치가 전혀 없는 것이며, 명령을 어길 시에는 즉시 징벌이 주어질 것이라고 못 박았다.

언젠가 아이들이 누군가로부터 술과 담배를 권해 받게 될지도 있다. 그러니 절대로 방관하지 말라. 지금까지는 괜찮았더라도 앞으로 그런 일이 일어날 수 있다. 그런 때에 잘 대비할 수 있도록 이 문제에 관해 확실히 가르치라.

적당한 때가 오면 말하겠다고 생각하며 미루지 말고 아이들과 솔직한 대화를 나누라. 충분히 말했다는 생각이 들더라도 다시금 당부하고 또 당부하라.

건강한 자녀를 키우고 싶다면 다음의 질문들을 생각해 보라.

- 가족을 위해 건강한 음식을 제공하고 있는가?
- 가족이 주로 물을 마시는가, 아니면 청량음료를 마시는가?
- 하루에 당분을 얼마나 섭취하는가?
- 적당한 양의 식사를 하고 있는가?
- 혹시 영양분은 없고 칼로리만 높은 음식을 제공하고 있지는 않은가?
- 냉장고에 몸에 이로운 음식이 들어 있는가?
- 운동을 규칙적으로 하는가? 그렇지 않다면 어떤 운동을 즉시 시작할 수 있을까?
- 수면은 충분히 취하는가?
- 가족 모두가 매일 비타민제를 복용하는가?
- 식습관을 개선하기 위해서는 무엇이 필요하다고 생각하는가?

초등학생이나 중학생을 자녀로 둔 경우에는 다음의 질문들을 생각해 보라.

- 자녀와 담배나 술에 대해 대화를 나눈 적이 있는가? 이에 대한 부모의 입장을 충분히 주지시켜 주었는가?
- 이 문제에 관해 누군가의 압력이 가해졌을 때 대처할 수 있는 방안을 함께 생각해 보았는가?
- 자녀가 방과 후에 어떤 일을 하는가?
- 자녀가 매일 밖에서 신체 활동을 하는가? 그렇지 않다면 그런 습관을 어떻게 길러 줄 수 있을까?
- 우리 가족이 육체 활동을 좀 더 많이 하려면 어떻게 해야 할까?
- 자녀가 충분한 수면을 취하고 있는가?
- 취침 시간이 정해져 있는가?

십대 후반의 자녀를 둔 경우에는 다음의 질문들을 생각해 보라.

- 자녀가 건강한 육체 이미지를 갖고 있는가?
- 자녀가 음식물의 영양 성분이 적힌 라벨을 읽을 수 있는가?
- 스트레스를 극복할 수 있는 방법에 대해 대화를 나눈 적이 있는가?
- 비정상적인 식습관과 그 위험성에 관해 대화를 나눈 적이 있는가?

- 딸아이가 유방의 건강 상태를 스스로 진단하는 방법을 알고 있는가?
- 자녀가 의사의 도움이 필요한 시기와 좋은 의사를 선택하는 방법을 알고 있는가?
- 자녀가 약의 목적을 정확히 알고 있는가? 또 약을 과도하게 복용하는 것이나 질병의 징후를 제때에 감지하지 못하는 것이 위험하다는 사실을 알고 있는가?

Parenting in the
home stretch

chapter 9
원만한 가족 관계와 친구 관계를 가르치라

다이앤 버크의 아들들이 어렸을 때의 일이다. 자동차로 장거리 여행을 하는 동안 아이들은 차분히 앉아 있지를 못했다. 녀석들은 상대방을 손으로 툭툭 치면서 큰 소리로 언쟁을 벌였다. 다이앤은 다른 일에 관심을 유도할 목적으로 말놀이 게임을 제안했다. 그녀는 "만약 동물이 될 수 있다면 어떤 동물이 되고 싶니?"라고 물었다.

첫째가 먼저 입을 열어 "말이 되고 싶어요. 생긴 것도 멋지고 바람처럼 달릴 수 있으니까요."라고 대답했다.

그러자 둘째가 지체하지 않고 "저는 코끼리가 될래요. 몸집이 크고 힘이 세기 때문에 말을 뭉개 버릴 수 있잖아요."라고 대답했다.

뒷좌석에 앉아 있는 두 개구쟁이의 모습이 눈에 선하지 않은가? 꼭 당신의 자녀들을 보는 것 같지 않은가? 요즘 버크 부부는 자동차 여행을 하며 겪었던 일을 추억하면서 한바탕 웃음 잔치를 벌이곤 한다. 그들 가족은 지난 일을 말할 때마다 그때의 일을 화제로 삼곤 한다.

모든 가족은 저마다 독특한 특징을 가지고 있다. 가정마다 가족을 하나로 묶어 주는 전통과 관습이 다르다. 아이들이 어릴 때는 가족이 그들의 세상이자 정체성을 형성하는 유일한 환경이다. 그러다가 나중에 친구를 비롯해 외부의 요인들이 더해지면서 어느 세계가 자신들에게 더 잘 맞는지를 다시 생각해 보기 시작한다. 아이들이 자신의 날개를 시험하기 시작하는 십대 시절이 다가오면 친구 관계와 가족 관계 사이에서 벌어지는 줄다리기는 더욱더 팽팽해진다.

너무 일찍 세상 밖으로 치우치지 않으면서 서서히 가족 이외의 삶에 적응할 수 있게 하려면 어떻게 해야 할까? 어디까지 간섭해야 하고, 어디까지 자유를 주어야 할지를 결정하는 문제는 그리 쉽지 않다. 지금부터 하는 말이 약간의 도움이 되었으면 하는 바람이다.

가족들의 식사 시간

식탁이 마치 사무실 책상이나 공작을 하는 장소처럼 변해 버린 가정이 많다. "그런 식탁에서 어떻게 식사를 할 수 있나요?"라고 물으면 그들은 "우리는 텔레비전을 보거나 각자 자기 일을 하면서 음식을 먹어요."라고 대답한다. 그런 부모들은 자녀들과 대화를 나누면서 행복을 추구할 수 있는 좋은 기회를 놓치고 있는 셈이다. 가족들과 식사하면서 대화를 주고받는 가정에서 자란 아이들이 술과 담배는 물론, 폭력, 학교 중퇴, 자살과 같은 문제를 일으킬 소지가 훨씬 적다는 연구 결과가 한둘이 아니다.[1]

밖에서 있었던 일들을 주고받으며 함께 대화를 나누면, 아이들은 외로움을 느끼지 않고 강한 소속감을 얻게 될 것이다. 집에서 외로움을 느끼는 아이들은 다른 곳에서 인정받기를 원한다. 아이들은 가족들이 자신을 바라보는 시각에 근거해 자기 자신을 평가한다. 따라서 가정을 안전한 안식처로 만드는 것이 중요하다.

아이들의 의견을 묻고, 성공과 좌절에 관해 솔직한 이야기를 듣고 싶다면 먼저 그들을 가족의 일원으로 인정하고 소중히 여겨야 한다. 식사 시간은 아이들이 어떤 경험을 하고 있고, 또 어떤 친구와 사귀고 있는지를 알 수 있는 좋은 기회다.

우리 집은 온 가족을 모으려면 마치 여러 마리의 고양이를 한곳에 모으는 것처럼 매우 정신이 없다. 두 마리를 데려다 놓으면 한 마리가 빠져나가고, 그 한 마리를 다시 데려다 놓으면 다른 한 마리가 빠져나가는 식이다. 온 가족이 같은 시간에 식사를 하기란 그리 쉽지 않다. 하지만 충분히 노력할 가치가 있는 일이다.

온 가족이 함께 식사할 때를 기다리다 보면 때로는 저녁 늦게까지

기다려야 한다. 하지만 괜찮다. 가족이 함께 식사하는 시간을 확보하기 위한 노력은 매우 가치 있는 투자다. 남편은 아침 일찍부터 활동을 시작하기 때문에 대개 저녁 식사 시간에 맞춰 집에 돌아온다. 하지만 남편이 늦게까지 일을 해야 할 상황이 발생할 때 나의 선택은 두 가지다. 하나는 정해진 시간에 아이들에게 먼저 밥을 챙겨 주거나, 다른 하나는 남편이 돌아올 때까지 기다렸다가 함께 식사를 하는 것이다. 나는 거의 항상 기다리는 쪽을 선택한다. 온 가족의 식사 시간은 다른 식구들에게도 중요하기 때문이다.

식사를 하는 동안에는 전화가 와도 받지 않는다. 그 시간은 온전히 가족을 위한 시간, 즉 하루 일을 마치고 다시 만나 그날의 이야기를 주고받는 시간이기 때문이다. 또 저녁 식사 시간은 함께 웃는 시간이기도 하다. 함께 웃다 보면 우리가 직면한 어려운 일을 더욱 쉽게 극복해 낼 수 있는 능력이 생긴다.

그동안 가족의 식사 시간을 가장 우선적인 일로 챙겨 오지 못했다면 지금부터라도 시작해 보라. 비록 일주일에 단 한 번일지라도 달력에 온 가족의 식사 시간을 정해 놓고 꼭 지키라.

가족 모임

어떤 가정은 정기적으로 모임을 갖고 가족이 어떤 일을 하고 있는지를 점검한다. 어떤 가정은 이따금 불규칙적으로, 어떤 가정은 필요한 경우에만 그런 모임을 갖는다. 우리 가정은 1년에 한 번 모임을 갖고 휴가를 어떻게 보낼 것인지에 대해 의견을 교환한다. 그 밖에도 이따금 모임을 가지면서 중요한 문제나 결정 사안을 논의하기도 한다. 아울러 가족 모임을 이용해 가정의 방침을 결정하거나 까다로운 문제를 상의할 수도 있다.

하지만 가족 모임을 자녀들을 나무라는 기회로 삼아서는 안 된다. 항상 긍정적인 분위기로 모임을 끝마쳐야 하고, 꾸짖을 일이 있을 때는 사랑으로 훈계하고, 잘한 일이 있으면 아낌없이 격려해야 한다.

가족의 생일

자녀의 생일은 꼼꼼하게 챙겨 주어야 한다. 값비싼 생일 파티를 열어 주어야 한다는 뜻은 아니다. 다만 부모와 다른 가족이 생일을 맞이한 자녀를 정말 소중하게 여기고 있다는 마음을 충분히 전달할 수 있어야 한다.

특별한 생일상을 차리라. 생일을 맞이한 자녀가 좋아하는 음식을 만들어 주라. 나이가 어린 자녀에게는 왕관을 만들어 씌어 주고, 하루 동안 왕이나 왕비처럼 대우해 주라. 부모가 자기를 얼마나 사랑하는지, 한 가족인 것을 얼마나 기뻐하는지를 알게 하라.

자녀가 태어난 날에 있었던 일들을 말해 주고, 자라면서 했던 귀여운 행동들을 말해 주라(태어나서 첫돌을 맞이해 아직 말귀를 알아듣지 못하더라도 상관없다). 또 처음에 태어났을 때 얼마나 조그마했는지를 말하며 함께 웃고 즐기라. 아이의 모습을 담은 사진이나 동영상 등을 보여 주라. 십대 자녀들은 어색해하거나 쑥스러워할지도 모른다. 하지만 어린 시절의 이야기를 들려주면 즐겁게 귀를 기울일 것이 분명하다. 생일은 가족의 전통을 이해시킬 수 있는 좋은 기회다.

부모의 어린 시절 이야기를 들려주면 이전 세대와 하나로 결속되어 있는 느낌을 받을 수 있다. 내가 어렸을 때 우리 어머니는 생일을 매우 중요하게 생각하셨다. 나와 우리 오빠는 생일이 되면 항상 오렌지와 파인애플이 들어 있는 통조림을 선물로 받았다. 그것은 우리가 좋아하는 음식이었지만, 우리 가족은 평소에 그것을 사 먹을 수 있을 만큼 형편이 여유롭지는 않았다. 하지만 생일이 되면 우리는 마음 놓고 혼자서 통조림통에 담긴 것을 몽땅 먹어 치웠다. 아직도 그때 생각을 하면 저절로 웃음이 나온다.

자녀가 가족의 생일을 기억하고 챙기는 습관을 갖게 하라. 자녀가 어리다면 가족의 생일을 챙기는 방법을 직접 알려 주라. 부모와 다른 가족의 생일을 위해 편지를 쓰거나 선물을 직접 만들어 보게 하는 것도 좋은 방법이 될 수 있다. 하지만 십대에 접어들면 그 일을 혼자서 하도록 맡기라. 그래야만 스스로 창의적인 방법을 생각해 낼 수 있다.

나는 우리 아이들에게 그 점을 이해시키려고 생일이 되기 몇 주 전부터 내가 좋아하는 것을 알려 주곤 했다. 이기적인 행동 같아서 다소 어색하기도 했지만 나는 이렇게 말하곤 했다. "궁금해할지도 몰라서 미리 말해 주는데, 엄마는 이번 생일에 화장품이 갖고 싶단다. 내 생일을 잊지 말라고 달력에 빨간 펜으로 크게 동그라미 표시를 해두었으니 참고하렴." 아이들은 키득키득하며 웃었지만, 며칠 뒤에는 눈치채지 못하게 내가 원하는 선물을 준비하곤 했다.

새 화장품을 받아 든 나는 아이들에게 무척 고마웠지만, 사실 선물 자체가 중요한 것은 아니었다. 나는 아이들이 자기 자신만을 생각하지 않고 다른 사람을 위해 시간과 물질을 사용하기를 원했다. 당신의 가정에서도 한번 시도해 보길 바란다. 생일에 선물을 받지 못했다면 부드러운 말로 섭섭한 심정을 전하고, 다음 식구의 생일에는 그냥 넘어가지 않도록 당부하라. 당신의 자녀가 베푸는 삶을 이해하고, 성인이 되어서까지 그런 습관을 간직할 수 있기를 바란다.

가족만의 특별 행사

우리 집안 사람들은 성탄절이나 추수감사절 등 특정 절기가 되면 특별한 행사를 한다. 아이들은 가족들이 전통적으로 해오던 행사를 좋아한다. 특별하고 뜻깊은 기념일을 보내는 것은 모두의 바람이다.

종이 한 장을 꺼내 들고 가족들이 매년 명절이나 특정 기념일에 해오던 행사를 적어 보라. 부활절도 포함시키라.

즐거웠던 행사와 부담을 느끼게 한 행사를 구분하라. 다른 가족에게도 똑같이 물어보라. 좋았던 추억과 좋지 않았던 추억을 기록한 내용을 참고하면, 그동안 해왔던 활동이나 행사를 재고할 수 있는 기회를 갖게 될 것이다.

전통은 시간이 지나면서 변하고, 더욱 풍성해지기 마련이다. 때로 새로운 전통을 마련하는 것도 좋다. 어떤 경우에는 명절이나 기념일을 새롭게 보내는 방법을 생각해 내야 한다.

우리 가정은 아이들과 함께 쿠키를 굽는 것이 성탄절 행사 가운데 하나였다. 최근에도 쿠키를 만들며 즐거운 시간을 보내고 있긴 하지만, 이전에 비해 가족들의 관심이 많이 줄어들었다. 아마도 일손을 거들지 않으면 먹지도 말라는 규칙이 결정적인 요인인 듯하다. 하지만 우리는 아직도 즐겁게 그 전통을 이어 가고 있다.

혼자서 아이를 키웠던 시절에는 시간이 내게 가장 중요한 자산이었다. 나는 엄마 역할을 제대로 하지 못한 죄책감을 떨쳐 버리기 위해 미리 준비된 쿠키 반죽을 샀다. 그것은 사랑이 많은 독일 엄마들의 경우에는 생각조차 하지 못할 일이었다. 하지만 나는 반죽 자체가 중요하다고 생각하지 않았다. 내게는 이전에 보냈던 성탄절에 대한 추억을 떠올리면서 함께 즐거운 시간을 보내는 것이 더 중요했다.

아울러 추수감사절에는 온 식구가 식탁에 둘러앉아 종이를 돌려가며 각자 감사할 일을 적게 한다. 첫해에는 가족의 절반이 감사할 일을 다 적기도 전에 음식이 식어 버렸다. 그 후로는 식사를 마친 뒤에 감사할 일을 적었다. 그동안 받아 왔던 많은 축복을 서로 나누는 시간은 매우 중요하다.

자랄 때 명절이나 특정 기념일을 덤덤하게 지낸 사람도 있고, 또 그 날들이 별로 즐겁지 않은 추억인 사람도 있을 것이다. 그렇다면 가족들을 위해 새로운 변화를 시도해 보라. 친구들에게 자문을 구하고 몇 가지를 시도해 보라. 어떤 방법이 가족들에게 효과가 있을지를 생각하라.

대부분의 가족 전통은 별로 요란하지도 않고, 비용도 많이 들지 않는다. 매년 치르는 간단한 행사에 국한되는 것이 보통이다. 시어머니는 우리에게 도자기로 만든 성탄 마을 세트를 선물로 주셨다. 우리는 매년 12월이 되면 그 세트로 성탄 마을을 꾸밀 생각에 기대에 잔뜩 부풀곤 한다.

하지만 훌륭한 도자기나 정교한 축하 행사보다 사람이 훨씬 더 중요하다는 점을 잊어서는 안 된다. 우리 가족은 11월이 되면 가족 달력에 12월에 있을 며칠 동안의 '가족 시간'을 표기하곤 한다. 성탄절의 소란스러운 분위기 속에서도 가족끼리 조용히 집에 머무르며 벽난로를 쬐거나 게임을 하면서 오붓한 시간을 보낸다. 그것도 가족 전통의 하나로 자리 잡았다.

어떤 가정의 특별 행사도 유명한 그림이나 카드 회사 광고에 나오는 장면과 같을 수는 없다. 그것은 환상이다. 그런 식의 행사를 계획하려 한다면 필경 실망할 수밖에 없다. 처음부터 이런 날들을 왜 기념하고 축하하는지 목적을 분명히 해야 한다.

내가 아는 한 여성은 매년 '완벽한' 성탄절을 계획했다가 번번이 기진맥진한 상태가 되었다. 그녀는 이른 새벽까지 성탄절 장식을 하고, 맛있는 음식을 장만하여 멋들어진 식탁을 차리려고 노력했다. 하지만 정작 저녁 식사를 할 무렵이 되자 기력이 다 소모되어 탈진 상태에 이르렀다. 가족들도 스트레스를 받기는 마찬가지였다. 결국 아무도 즐겁지 않았다.

한편 전통은 융통성이 있어야 한다. 우리 집안은 12월 24일에는 모든 가족과 친지가 다 모일 수 없기 때문에, 될 수 있는 대로 모두가 참석할 수 있도록 조금 앞당겨 12월 중순에 성탄절을 축하한다. 어떤 해에는 호수에 나갈 수 있을 만큼 날씨가 포근했다.

우리는 결국 투표를 하기로 했다. 안건은, 가족의 절반은 종일 집에 머물면서 음식을 만드는 것이 좋은지, 아니면 가게에서 냉동식품을 사서 오븐에 데워 먹은 다음 모두 함께 보트를 타러 나가는 것이 좋은지 하는 문제였다. 결국 후자가 채택되었다. 우리는 지금도 12월에 보트를 타러 나갔던 추억을 떠올리곤 한다.

추억 만들기

내 시누이는 가족의 특별한 행사가 있을 때면 이른바 '추억 만들기'라는 활동을 벌인다. 사진이나 동영상 등으로 특별한 순간들을 기록해 놓는 것이다. 결혼식, 입학식과 졸업식, 가족 여행과 같은 행사가 있을 때면 시누이는 추억 만들기 활동에 돌입한다. 그와 같은 특별한 시기가 다가오면 매 순간을 기록해 두었다가 훗날의 추억거리로 삼는 것이 좋다. 그렇게 하면 자녀들에게 가족의 역사를 가르칠 수 있다. 우리는 온 가족과 친지가 모일 때마다 과거의 추억을 회상하며 즐거운 시간을 보내곤 한다.

사진 정리

가족 사진을 예쁘게 잘라 스크랩을 해놓은 가정을 보면 그렇게 부러울 수가 없다. 우리 집 현관에는 가족 사진이 담긴 여러 개의 박스가 놓여 있다. 나는 그 사진들을 정리할 한 가지 대안을 마련했다.

우선 나는 이름과 날짜, 장소와 같은 중요한 사실들을 적을 수 있는 앨범을 준비했다. 그리고 그동안 찍은 사진들을 정리해 앨범에 끼워 넣었다. 그런 식으로 했더니 아이들이 흥미를 가지고 가족 사진들을 들춰 볼 수 있게 되었고, 나는 현관에 쌓인 박스에 대한 죄책감에서 벗어날 수 있었다.

학교와 관련된 문서들

주의하지 않으면 아이들의 가방에서 홍수처럼 쏟아져 나오는 각종 종이 문서에 산 채로 매장될지도 모른다. 나는 문서를 관리할 수 있는 한 가지 원칙을 세웠다. 규칙적으로 문서를 점검해 중요한 것만 남겨 놓기로 한 것이다(대개는 아이들의 창의성을 보여 주는 것들이다).

나는 학년 말이 되면 지퍼가 달린 큰 비닐봉지에 문서들을 담아 우리가 '추억 상자'라고 부르는 통 안에 간직해 놓는다. 언젠가는 아이들이 비닐봉지를 열어 원하지 않는 것들은 쓰레기통에 버릴지도 모른다. 하지만 지금으로서는 중요하다고 판단되어 그대로 간직하고 있다. 아이들이 나이가 들수록 파일의 부피는 점차 줄어들 테니 그 부분에 대해서는 걱정할 필요가 없다.

애칭과 별명

아이들에게 별명이 있는가? 배우자의 애칭은 무엇인가? 내가 어렸을 때 우리 어머니는 나를 '쥐방울 코니'라고 부르셨다. 어떻게 그런 별명을 갖게 되었는지는 잘 모르겠지만 아무튼 나는 그렇게 불렸다. 친구들의 엄마는 그들이 문제를 일으킬 때 성과 이름을 다 소리쳐 불렀지만, 나는 어머니가 '쥐방울'을 빠뜨리고 '코니'라고 소리치실 때면 항상 뭔가 일이 잘못되었다는 것을 알아차렸다.

남편과 나는 서로를 '샤츠'Schatz라고 부른다. '샤츠'는 '보물'을 뜻하는 독일어다. 우리는 아이들을 부를 때에도 애칭을 사용하곤 한다. 하지만 애칭을 사용할 때는 주의해야 한다. 가정에서만 사용하는 특별한 명칭이 다른 사람의 놀림감으로 전락해서는 안 되기 때문이다.

별명은 대부분 자연스럽게 생겨난다. 어떤 경우에는 의도적으로 별명을 지어 주기도 한다. 자녀들에게 별명이 없다면 한번 시도해 보기 바란다. 별명은 아이들의 정체성과 가족 간의 유대감을 더욱 강화시킨다. 별명은 듣는 사람이 편안하게 생각할 수 있는 것이어야 한다. 인격을 모욕하는 별명은 금물이다.

가정의 금언

이제 가정의 금언에 대해 살펴보자. 늘 강조하고 싶은 말이 있는가? 대대로 전해 오는 인용문이나 금언이 있는가? 한번 생각해 보라. 처음 입에 올린 순간부터 온 가족이 반복해서 말하게 된 문장이 있는가? 그런 문장도 가족의 영속성과 유대감을 증진시킬 수 있는 좋은 방법이 될 수 있다.

반대로 아이들을 헐뜯는 말을 하지 않도록 주의해야 한다. 예를 들어 다른 사람들에게 "얘가 우리 집에서 제일 말썽꾸러기야. 골칫거리가 될 것 같아."라고 한다거나 "한시도 눈을 떼어서는 안 될 녀석이야."라고 하는 말이 아이의 귀에 흘러 들어가지 않도록 조심하라.

아이들은 대개 부모의 눈에 들기 위해 노력한다. 아이들 앞에서 하는 말과 다른 사람들에게 하는 말이 다르다면 아이들에게 부정적인 영향을 미치기 쉽다.

친구와 또래 집단의 압력

충분히 걱정될 만한 사안이다. 하지만 그렇다고 해서 자녀들을 영원히 집에 가두어 놓고 부모의 영향만 받고 자라게 만들 수는 없다. 자녀들이 자랄수록 자녀들의 삶에서 친구들이 차지하는 비중은 더욱 커진다. 하지만 그렇다고 해서 부모는 아이들에게 더 이상 아무런 영향도 미치지 못할 것이라는 생각을 해서는 안 된다. 사실 아이들에게는 어른이 되어 갈수록 부모의 도움과 조언이 이전보다 더 많이 필요하다.

"십대 청소년에게 가장 큰 영향을 미치는 것에 대한 통계가 다음과 같은 순위로 나타났다. 1) 부모, 2) 친척, 3) 집 밖에서 만나는 성인들청소년 사역자, 교사, 부모의 친구 등, 4) 또래 집단, 5) 대중 매체텔레비전, 영화, 음악 등.

십대 청소년에게 가장 큰 영향을 미치는 사람은 또래 집단이 아닌 부모다. 그런데 오늘날 또래 집단이 십대 청소년에게 그토록 엄청난 영향을 미치는 이유는 상위의 세 그룹, 즉 부모, 친척, 그 밖의 성인들이 아이들에게 관심을 기울여 주지 않아서다."2)

진지하게 생각해 봐야 할 현실이 아닐 수 없다. 할 일이 많아 자녀에게 관심을 기울일 수 없는가? 십대 자녀가 다른 곳에서 격려와 지지를 얻으려고 하지는 않는가? 십대 자녀에게 가장 우선적으로 영향을 미쳐야 할 사람은 부모다. 아울러 십대 자녀의 주변에는 그들이 믿고 의지할 수 있는 성인이 있어야 한다.

또래 집단의 인정을 받으려고 극단적인 일을 서슴지 않는 아이들이 늘고 있다. 아이들에게 하나님의 관점으로 자기 자신을 바라볼 수 있는 안목을 길러 주라. 자녀가 고민하는 문제가 무엇인지 파악해 잘 극복해 나갈 수 있도록 도우라.

자녀들이 마음의 문을 여느냐 마느냐는 전적으로 부모의 태도에 달려 있다. 자녀를 잘 이끌어 주는 부모가 되려면 사랑을 바탕으로 깊은 유대감을 형성해야 한다.

갈등 해결

사춘기 시절에는 부모가 무슨 말을 하든지 무조건 반항하고 불평하곤 한다. 물론 부모는 그런 모습이 자녀 스스로 상황을 파악하고 결정하는 법을 터득해 나가는 과정의 일부라는 점을 십분 이해한다. 하지만 아이들이 부모의 의견과 권위를 끊임없이 무시하는 것을 보면 짜증이 날 수밖에 없다.

부모의 태도가 대부분의 상황을 결정한다는 점을 잊지 말라. 실망감 때문에 늘 꾸짖는 말이나 잔소리를 늘어놓는 것은 좋지 않다. 사춘기 시절에는 부모의 의견을 무조건 거부하기 쉽지만, 굳이 그럴 필요가 없다는 점을 잘 타일러 주어야 한다.

"네가 우리의 말을 듣고 싶어하지 않는다는 걸 잘 알아. 얼마든지 그럴 수 있다고 생각해. 하지만 이 일은 네가 결정해야 할 문제가 아니야. 너는 우리가 설정한 한계를 지켜야 한단다."라고 타일러야 한다. 그렇게 하면 자녀의 인격을 존중하면서도 부모의 권위를 유지할 수 있다. 더욱이 그런 말은 자녀에게 부모의 변함없는 사랑을 일깨워 준다. 물론 규칙을 어길 때는 그에 상응하는 대가가 뒤따라야 한다.

자녀의 인격을 존중하는 것과 그들의 선택이나 결정에 대한 부모의 솔직한 의견은 별개의 문제다. 가능하면 긍정적인 분위기로 대화를 마무리하라. 자녀들은 부모가 갈등을 극복하는 모습을 보고 자신의 갈등을 해결하는 방법을 배운다.

우리 아이들도 부모의 말을 듣기 싫어할 때가 있다. 그런 때면 저녁 식사 시간이 되었는데도 배가 고프지 않다고 버틴다. 우리는 "좋아, 굳이 밥을 먹지 않아도 되지만 일단 식탁에 와서 앉거라. 지금은 온 가족이 함께 식사하는 시간이니까. 지금 음식을 먹지 않으면 내일 아침 식사 시간까지 절대로 부엌을 사용할 수 없어."라고 말한다. 갈등이 사라지기까지는 그리 오랜 시간이 걸리지 않는다. 그 후에 우리는 다시 서로 즐거운 시간을 보낸다.

친구 초청

우리는 아이들에게 친구들을 집에 데려오라고 권유한다. 그렇게 하는 이유는 두 가지다. 첫째는 아이들의 성장 단계를 알 수 있고, 둘째는 어떤 친구들을 사귀고 있는지를 알기 위해서다.

우리는 가정을 아이들이 즐길 수 있는 곳으로 만들기를 원한다. 최근에 나는 자신의 자녀가 십대였을 때는 냉장고 안에 맛있는 간식을 항상 준비해 놓곤 했다는 한 엄마의 이야기를 들었다. 우리도 똑같이 따라하고 있다. 즐거운 놀이와 음식은 서로 떼어 놓을 수 없다. 우리는 가정에서 그 두 가지를 모두 배려해 주고 싶다.

친구 관계

한때 우리 아이 중 하나가 우리가 별로 달갑게 여기지 않는 친구들을 사귄 적이 있었다. 그 아이들은 이따금 비열한 행위를 일삼았고,

우리 아이들을 천박하게 취급했다. 또 항상 우리를 비웃는 듯한 인상을 주었고, 우리를 얼마나 잘 속일 수 있는지를 시험하는 듯했다. 아이들이 그들과 함께 놀러 나가겠다고 할 때 허락하지 않은 적이 몇 번 있었다. 아이들은 불평했다. 우리는 아이들이 누리는 특권은 개인의 책임은 물론 친구를 선택하는 것과도 깊은 관련이 있다고 설명했다.

케이라는 이름의 한 엄마도 큰아들 존이 15세 때 비슷한 교훈을 깨닫게 되었다고 말한다.

"존에게는 주(州) 경찰관인 아버지를 둔 마크라는 이름의 친구가 있었어요. 저는 마크가 우리 아들에게 좋은 영향을 준다고 생각했어요. 그 애 아버지가 경찰관이라는 이유가 부분적으로 작용했죠.

어느 날 오후, 존이 마크와 함께 자전거를 타고 논 뒤 집에 돌아오더니 눈물을 터뜨리며 할 말이 있다고 하더군요. 존은 마크와 함께 식품점에서 작은 케이크 몇 개를 슬쩍했다고 털어놓았어요. 저는 깜짝 놀라 물건을 훔치는 행위는 잘못이라고 말하면서 케이크를 다시 돌려주러 가자고 했어요. 그러자 존은 '그렇게 할 수 없어요. 이미 다 먹어 버렸는걸요.'라고 대답하더군요. 그때 당시 가게에 돌려보내 잘못을 고백하게 해야 했는데 그러지 못했어요. 하지만 저는 존이 다시는 그런 일을 저지르지 않을 것이라고 믿었어요.

마크의 아버지가 경찰관이라고 해서 그가 부정직한 행위를 저지르지 않을 거라고 믿었던 게 잘못이었어요. 존은 지금 훌륭한 기독교인이랍니다. 저는 우리 모자가 그때의 일을 통해 교훈을 얻었다고 생각해요."

우리도 아이들에게 신뢰와 특권은 동전의 양면과 같다고 말한다. 아이들이 책임 있게 행동하며 집 주변에서 자신들이 해야 할 일을 처리하고 좋은 친구를 선택할 때, 그들은 우리의 신뢰를 얻게 된다. 신뢰가 커지면 커질수록 아이들이 누리는 자유와 특권도 커진다.

하지만 나쁜 친구를 사귀고, 무책임한 행동을 일삼고, 부모를 존중하지 않으면 신뢰는 급격히 줄어들 수밖에 없다. 신뢰가 낮으면 특권도 그만큼 줄어든다. 이렇듯 신뢰와 특권은 불가분의 관계를 맺고 있다. 아이들에게 신뢰를 쌓으라고 말하고, 결과가 나타나면 그에 못지않은 특권을 보장해 주라.

올바른 선택을 하도록 이끌어 주고, 자녀가 가정에서 차지하는 소중한 위치와 가치를 인정하라. 따뜻함과 사랑이 넘치는 가정이야말로 가장 오래 지속되는 유산이 아닐 수 없다.

자녀가 가족과 친구 관계를 균형 있게 유지하기를 바란다면 다음의 질문들을 생각해 보라.

- 온 가족이 함께 모여 식사를 하는가?
- 자녀의 생일을 꼼꼼히 챙겨 주는가?

- 자녀를 소중하고 특별하게 생각한다는 인상을 심어 주는가?
- 자녀가 어렸을 때 어땠는지 이야기해 주는가?
- 부모의 어린 시절 이야기를 들려준 적이 있는가?
- 조부모가 태어난 곳과 그들이 어떤 인생을 살았는지 말해 주었는가?
- 명절이나 특정 기념일에 하는 가족만의 특별 행사가 있는가?
- 가족의 전통이 없다면 어떤 전통을 세울 수 있겠는가? 자녀의 의견을 물어보라.
- 우리 가족의 '추억 만들기'는 무엇인가? 최근에 그 문제를 논의한 적이 있는가?
- 자녀와 관련된 크고 작은 행사를 사진이나 동영상으로 기록해 두었는가? 최근에 가족들과 함께 그런 기록을 들춰 본 적이 있는가?
- 자녀의 학교 관련 문서 가운데 중요한 것들을 모아 두고 있는가?

초등학생이나 중학생을 자녀로 둔 경우에는 다음의 질문들을 생각해 보라.

- 자녀가 어떤 친구들을 사귀고 있는지 아는가?
- 친구들 앞에서는 자녀의 별명을 부르지 않으려고 주의하는가?
- 자녀가 가장 중요하게 생각하는 가족 전통이 무엇인지 물어본 적이 있는가?

십대 후반의 자녀를 둔 경우에는 다음의 질문들을 생각해 보라.

- 식사 시간, 가족들만의 시간, 명절 등을 가장 우선적으로 생각해 왔는 가? 자녀도 그런 시간을 같이하기를 기대하는가?
- 세상에서 일어나는 사건들에 관해 자녀의 의견을 물어보는가?
- 신뢰와 특권은 불가분의 관계라는 점을 가르친 적이 있는가?
- 자녀가 가족의 생일과 중요한 행사를 기억하고 있는가? 자녀가 그날들을 잊지 않도록 미리 상기시켜 주는가?

Parenting
in the
home stretch

chapter 10
예의를 가르치라

　우리 딸이 여섯 살 때쯤의 일이다. 딸아이와 함께 식료품점에서 줄을 서서 기다리고 있었다. 그 순간 딸아이는 배가 불룩 나온 한 남자가 우리 앞에 서 있는 모습을 발견했다. 딸아이는 휘둥그레진 눈으로 나를 쳐다보더니 다들 들으라는 투로 "엄마, 저기 있는 저 아저씨 좀 보세요. 배에 아기가 들어 있나 봐요."라고 말했다. 쇼핑객들이 우리 아이의 말을 듣고 낄낄거리면서 그 남자를 바라보았다. 물론 그 남자는 별로 달갑지 않은 표정이었다. 쇼핑 카트가 길을 막고 있지 않았더라면 신속히 자리를 떴을 텐데 그러지 못했다.

　나는 딸아이에게 여자만 아기를 가질 수 있다고 설명했다. 그러자 딸아이는 "하지만 저 안에 아기가 들어 있지 않다면 왜 저렇게 배가 불룩 나왔죠?"라고 물으며 호기심을 감추지 않았다. 쇼핑객들이 모두 큰 소리로 웃음을 터뜨렸다. 그 남자는 맥주 상자 너머로 내게 원망의 눈빛을 보냈다. 나는 땅이라도 푹 꺼져 그 자리에서 얼른 사라졌으면 하는 심정이었다.

딸아이는 부주의했다. 어린아이들은 이처럼 예의를 잘 모른다. 공손하게 묻는 법도 모르고, 말을 때와 장소에 맞게 가려서 할 줄도 모르는 것이다. 그러므로 말을 할 때 '죄송하지만'과 '고맙습니다'라는 표현을 사용하도록 가르쳐야 한다.

예전에는 어른에게 대답할 때 반드시 공손한 태도로 "네, 알겠습니다."라고 말했다. 하지만 요즘에는 예의 바른 말과 행동을 자녀에게 가르치지 않는 부모가 많다. 아이들은 예의범절을 저절로 깨우치기 어렵기 때문에 의도적으로 가르쳐야 한다.

어떤 질문을 던지든지 "응." 하고 대답하는 일이 없도록 꾸준히 가르쳐야 한다. 우리는 그런 식으로 불손한 대답을 할 때는 "얘야, 지금 어떻게 대답했지?"라고 묻는다. 아이들은 잠시 멈칫했다가 "알겠어요, 엄마."라고 하거나 "알겠어요, 아빠."라고 고쳐 대답한다. 그러면 우리는 빙긋이 웃으면서 "그래. 그렇게 대답해야지."라고 말한다.

또 저녁 식사를 할 때 아이들이 "콩 좀 이리 줘요."라고 말하면 "'죄송하지만'이라는 말을 사용해야지."라고 말한다. 그러면 아이들은 잠시 당황한 듯한 표정을 짓다가 한숨을 푹 내쉬며 "죄송하지만, 콩 좀 건네주세요."라고 말한다. 나는 그런 때도 역시 빙긋이 웃으며 "그래. 그렇게 말해야지."라고 말한다.

　예의 바른 말과 행동은 반복해서 가르쳐야 한다. 그보다 더 쉽고 빠른 길은 없다. 올바른 태도가 자연스럽게 습관으로 정착될 때까지 몇 번이고 되풀이해서 가르쳐야 한다. 한 가지 행동이 습관으로 정착되기까지는 21일이 걸린다는 말을 들은 적이 있다. 물론 스물한 번만 교정해 준다고 해서 '죄송하지만'과 '고맙습니다'라는 말이 자연스럽게 흘러나올지는 의문이다. 하지만 포기하지 말라. 포기하지 않는다면 아이들은 결국 그런 예의를 몸에 익히게 될 것이다.

　음식물을 입에 가득 넣고 말하는 것도 예의에 어긋난다. 식탁에서 그런 사람과 마주하고 있으면 식욕이 뚝 떨어진다. 하지만 우리는 그런 사람을 어디서나 쉽게 찾아볼 수 있다. 사실 그런 식으로 행동하기는 너무 쉽다. 상대방이 어떤 말을 했는데 대답할 말이 생각났을 때는 음식물을 다 씹어 삼킬 때까지 말을 참고 있기가 어렵다. 하지만 반드시 참아야 한다. 그것이 함께 식사하는 사람을 배려하는 태도다.

　아이들에게도 그와 같은 태도를 가르쳐야 한다. 행여 잘못된 옛 습관이 되살아나려고 할 때면 얼른 정신을 차리고 자기 자신을 단속해야 한다.

어른에게 말하는 법

우리 가족은 남쪽 지역에 살다가 플로리다 중부 지역으로 이사했다. 플로리다 중부 지역도 여전히 남부에 속했지만 분위기는 완전히 북부 지역과 흡사했다. 그 이유는 플로리다 지역에 뉴욕과 뉴저지에서 이사 온 사람들이 많았기 때문이다. 이곳에는 아직도 어른을 공경하는 사회적 분위기가 형성되어 있다. 하지만 시간이 흐를수록 그런 분위기가 점차 사라지고 있다.

어른을 공경하는 것은 선택 사항이 아니다. 나는 어린아이들과 십대 청소년들에게 나를 '미스 코니'라고 소개한다. 그리고 남편은 '미스터 해리'로 알려져 있다. 아이들에게 어른에게 말하는 법을 가르치라. 어른이 먼저 스스럼없이 부르라고 말하지 않으면 항상 존칭을 사용해야 한다. 누가 하라고 시키지 않아도 아이들 스스로 어른을 공경할 때까지 계속 가르치라.

가게 점원이나 식당 종업원에게 말하는 법

아이들이 가게 점원이나 식당 종업원에게 말하는 법을 알고 있는가? 말을 할 때는 상대방을 똑바로 쳐다보며 분명하게 말하는 법을 가르치라. 그것도 역시 존경의 표시다. 십대 청소년은 이를 잘 지키지 않는다. 십대 청소년은 대개 상대방을 똑바로 쳐다보지 않고 입으로 웅얼거리는 습성이 있다. 하지만 올바른 태도를 지닐 때까지 계속해서 가르쳐야 한다.

교사에게 말하는 법

때로 아이들은 교사를 비롯한 윗사람과 말을 해야 할 때가 있다. 그런 상황을 가정하고 공손한 태도로 자신의 의견을 말해야 할 때를 분별할 수 있는 판단력과 예의를 잃지 않고 말하는 법을 가르쳐야 한다. 손을 들고 "선생님, 죄송하지만 제 생각은 조금 다릅니다."라고 말하는 아이와 "농담이시죠? 말도 안 돼요!"라고 불쑥 말을 꺼내는 아이는 상대방으로부터 전혀 다른 반응을 유도한다.

때로는 부모가 나서서 아이를 변호해야 할 때도 있고, 때로는 아이 스스로 문제를 처리하게 할 수도 있다. 자녀가 커갈수록 좀 더 많은 책임을 지게 해야 한다. 자녀를 변호할 때는 잘못된 행위의 결과까지 모면하게 해주어서는 안 된다. 현명한 부모는 자녀가 자신의 행동에 따른 자연스러운 결과를 경험할 수 있게 한다.

부당한 상황이나 대화를 통해서도 문제를 해결하는 방법을 배울 수 있다. 우리 아들은 최근에 성적과 관련해 한 교사에게 이메일을 보냈다. 몸이 아파서 하지 못했던 공부를 보충하기 위해 주어진 과제물을 완벽하게 처리했지만, 그 점이 성적에 반영되지 않았기 때문이다. 우리 아이는 지금 스스로 그 문제를 해결하려고 노력 중이다. 만일 우리 아이가 초등학교 2학년생이었다면 엄마인 내가 대신 나서서 교사에게 전화를 걸었을 것이다.

혀 길들이기

디즈니 영화 「밤비」를 보면 덤퍼의 엄마가 그에게 규칙을 기억하느냐고 추궁하는 장면이 나온다. 수줍음이 많은 덤퍼는 고개를 아래로 떨군 채 발가락으로 땅을 파면서 "친절하게 말씀하지 않으시려면 차라리 아무 말도 하지 마세요."라고 대답한다.

좋은 충고다. 아이들에게 혀를 길들이는 법을 가르치라. 이는 우리 어른들도 마땅히 관심을 기울여야 할 일이다. 왜냐하면 아이들이 항상 우리를 지켜보고 있기 때문이다. 나는 최근에 '혀 길들이기'라는 새로운 프로그램을 연습하고 있다. 한동안은 실천하기가 그리 쉽지 않을 것이다. 하지만 나는 최근에 한 표지판에서 본 "심지어 물고기도 입만 꾹 다물고 있으면 어려움을 당하지 않는다."라는 문구를 기억하려고 노력한다.

야고보서에서 혀를 "불의의 세계"약 3:6라고 표현한 데에는 그만한 이유가 있다. 혀는 모든 사람을 곤경에 처하게 만든다. 누구에게나 무심코 내뱉었다가 급히 주워 담고 싶었던 말을 한 경험이 있을 것이다.

인생이 가르치는 중요한 교훈 가운데 하나는 말은 일단 내뱉으면 다시 주워 담을 수 없다는 사실이다.

우리도 몇 년 전에 집에서 그와 같은 교훈을 강조해야 했다. 아이들 중 하나가 화가 나서 우리에게 무례한 말을 퍼부은 것이다. 우리는 어떤 책에서 읽었던 내용에 근거해 교훈을 주기로 했다. 우리는 아이에게 매일 방과 후에 집에 돌아오면 몇 시간 동안 판자에 못을 박으라고 시켰다. 거의 일주일 내내 매일 오후마다 아이는 땀을 뻘뻘 흘리면서 판자에 못을 박았다. 그 과정에서 아이의 손에는 몇 군데 물집이 잡히기까지 했다.

시간이 흐르자 못 상자에 있던 못이 모두 사라지고, 판자에 빼빼이 못이 박혀 있었다. 우리는 "잘했다. 이제 그 못을 모두 다시 빼거라."라고 말했다.

아이는 다시 며칠 동안 판자에서 못을 빼내야 했다. 아이가 일을 다 마치자 우리는 "판자의 모습이 이전과 똑같아 보이니?"라고 물었다. 아이는 "아뇨. 판자에 구멍이 많이 생겼어요."라고 대답했다.

우리는 "바로 그거야. 우리가 하는 말이 그 못들과 다름없단다. 무심코 내뱉은 무례한 말은 듣는 사람의 마음에 못처럼 박히게 된단다. 사과하고 그 못을 다시 빼내더라도 판자에 못 자국이 남듯이 상대방의 마음에도 사라지지 않는 상처가 남게 되지. 용서를 비는 것은 상처가 지속되지 않도록 방지해 주지만, 용서를 빈다고 해서 상대방의 마음이나 서로의 관계에 남겨진 상처가 없어지는 것은 아니야. 그래서 말을 할 때는 항상 주의해야 한단다."라고 가르쳤다.

아이들에게 혀를 길들이는 것이 얼마나 중요한지를 일깨워 주라. 그리고 머릿속에 떠오른 말이라고 해서 아무 말이나 내뱉지 않도록 가르치라.

말을 조심해야 할 때와 그러지 말아야 할 때

작은 마을에서 사는 것은 장점과 단점을 동시에 지니고 있다. 단점은 서로의 삶이 노출되어 사생활이 보장되기 어렵다는 것이고, 장점은 모두가 서로 잘 알고 있기 때문에 어려움에 처했을 때 쉽게 도움을 받을 수 있다는 점이다.

나는 사람들이 기도 제목을 가장해 남의 비밀을 누설하는 것을 가끔씩 목격하곤 한다. 사람들은 아쉽다는 투로 "그 안타까운 상황에 대해 아직도 할 말이 많지만, 더 말해서는 안 될 것 같아요."라고 말한다. 다른 사람보다 더 많이 알고 있다는 사실을 은근히 내비치는 셈이다. 문제에 직접 연루되지 않았거나 해결책을 모르는 상황이라면 일에 끼어들 자격이 없다는 말을 오래전에 들은 적이 있다. 그런 입장을 견지하는 것이 좋다. 자녀들에게도 그렇게 가르치라. 들어서는 안 될 말을 뜻하지 않게 전해 들었다 하더라도 다른 사람에게 말하지 말라고 말이다.

하지만 남의 비밀을 누설해도 괜찮을 때도 있다. 우리는 그 점을 자녀에게 가르쳐야 한다. 예를 들어 학교에서 어떤 친구가 어려운 상황에 빠져 있다는 소문을 들었다면 당연히 부모에게 말해야 한다. 그것은 결코 험담이 아니다.

우리 아이에게도 그런 경험이 있었다. 한 친구가 다른 친구와 결별하게 되었다. 결별을 당한 친구는 크게 낙심하여 먹는 것을 거부하고 죽고 싶다는 말을 입버릇처럼 하기 시작했다. 우리 아이는 내게 조언을 구했고, 나는 선생님과 의논해 보라고 제안했다. 친구들이 한 사람씩 차례로 선생님을 찾아가서 그동안 관찰한 사실들을 말하면서 우려를 표명했다. 결국 선생님은 그 일을 신속하고 분별 있게 처리함으로써 그 아이에게 필요한 도움을 제공했다.

전화 예절

전화 예절은 우리가 가장 싫어하는 문제 가운데 하나다. 요즘은 전화 예절을 제대로 지키는 사람을 찾아보기가 어렵다. 수화기를 들면 상대방은 대뜸 "누구세요?"라는 질문부터 던진다. 또 어떤 사람은 자신의 신분을 밝히지도 않고 용건을 말하기 시작한다.

요즘에는 발신자 번호 표시 서비스를 많이 이용한다. 하지만 모두가 이 서비스를 이용하는 것은 아니다. 전화를 걸었으면 먼저 자신의 신분부터 밝힌 다음 통화하고 싶은 사람을 바꿔 달라고 하는 것이 예의다.

우리는 아이들에게 친구들이 전화를 걸어 왔을 때도 그런 식으로 예의를 지켜야 한다고 강조한다. 아이의 친구가 전화를 걸었을 때 이름을 밝히지 않으면 일단은 경고하고, 다음에도 같은 일이 반복되면 전화를 그냥 끊는다. 우리 아이들은 그것을 무례한 행동이라고 하지만, 우리는 결코 주장을 굽히지 않는다.

우리에게는 전화를 건 사람이 누구인지를 추측해야 할 책임이 없다. 우리 아이들은 친구들에게 처음에는 그렇게 말하기를 주저했지만, 점차 그로 인한 긍정적인 결과에 만족하기 시작했다.

며칠 전 한 학생이 우리 집에 전화를 했는데 남편이 전화를 받았다. 상대 학생은 대뜸 "미셸 좀 바꿔 주세요."라고 말했다.

남편은 "누구신가요?"라고 물었다.

상대 학생은 잠시 머뭇거리다가 "미셸 좀 부탁합니다."라고 말했다.

남편도 재차 신원을 밝히라고 요구했다. 이번에는 좀 더 긴 침묵이 이어졌다. 그러더니 "미셸 좀 바꿔 주세요."라는 말을 되풀이했다.

마침내 남편은 "네가 누군지 밝히지 않으면 아무와도 통화할 수 없다."라고 말한 뒤 전화를 끊었다. 그 학생은 두 번 다시 전화를 걸지 않았다. 부모는 자녀의 통화 상대가 누구인지를 알 권리가 있다. 전화를 건 사람이 먼저 신분을 밝혀야 한다. 그렇지 않으면 통화를 허락할 수 없다.

한편 아이들에게 메시지를 남길 때는 천천히 또박또박 말하라고 가르쳐야 한다. 전화기에 이해하기 어려운 말로 웅얼거린 메시지가 녹음되어 있으면 무슨 말인지 몰라 답답할 때가 많다.

이런 일들은 반복해서 가르쳐야 한다. 아이들은 별로 중요하지 않은 문제라며 시큰둥한 반응을 보일 테지만 그래도 계속 가르쳐야 한다. 바라건대, 아이들에게 예의 바른 말과 행동이 제2의 천성으로 굳어졌으면 좋겠다.

자녀에게 예의 바른 말과 행동을 가르치려면 다음의 질문들을 생각해 보라.

- 나는 연장자에게 말할 때 공손한 태도를 보이는가?
- 자녀에게도 그렇게 해야 한다고 가르치는가?
- 집에서 '덤퍼'의 규칙을 적용하는가?

초등학생이나 중학생을 자녀로 둔 경우에는 다음의 질문들을 생각해 보라.

- 자녀에게 공손하게 말하는 법을 가르쳐 왔는가?
- 다른 사람에게 무례한 말을 할 경우 어떤 징벌을 가하는가?

- 어른에게 올바로 말하는 법을 가르쳤는가?
- 자녀가 전화 예절을 알고 있는가?

십대 후반의 자녀를 둔 경우에는 다음의 질문들을 생각해 보라.

- 나는 무심코 남의 사생활을 누설하고 있지는 않은가?
- 자녀에게 상대방을 똑바로 쳐다보고 또박또박 말하라고 가르쳤는가?
- 자녀가 가게 점원이나 식당 종업원과 같은 사람과 대화하는 법을 알고 있는가?
- 자녀가 문제가 있을 때는 언제라도 부모의 도움을 구할 수 있다는 점을 알고 있는가? 그런 점을 자녀에게 주지시켜 주었는가?

| 맺는 글 |

자녀에게 삶의 기술을 가르치길 바라며

뿌리와 날개

강사이자 작가로 활동하고 있는 리앤 브라운 아주머니에게 본서를 저술하겠다는 의도를 밝혔을 때 나는 이런 말을 들었다.

"아이들이 독립할 때를 부모가 어떻게 대비해야 하는지 내용에 포함시키는 것이 좋겠구나. 우리 큰아이가 대학 생활을 하기 위해 집을 떠났을 당시 나는 아무런 준비가 되어 있지 않았어. 아이를 학교에 데려다 주는데 녀석은 뒤도 한 번 안 돌아보고 총총히 사라지더구나. 나는 집에 오는 동안 계속 울었어. 그 후로도 며칠 동안 눈에서 눈물이 마를 날이 없었지. 집에 손님이 찾아왔는데도 나는 남편에게 방에서 나가지 않겠다고 했을 정도로 큰 슬픔에 빠져 있었어. 전에는 그런 일이 한 번도 없었어. 우리는 손님이 찾아오는 것을 언제나 환영했거든. 하지만 나는 마음이 찢어지게 아파서 아무 생각도 할 수 없었어.

그 후 나는 둘째 아이는 다르게 대해 보리라고 마음먹었어. 딸아이가 대학에 진학했을 때 나는 아이를 껴안고 작별 인사를 나누었어. 그러자 '엄마, 눈물 한 방울 흘리지 않으실 거예요?'라고 묻더구나.

그래서 나는 '이제는 그렇게 하지 않기로 했다. 네가 집을 떠날 준비가 되었듯이 나도 너를 떠나 보낼 준비가 되었어.'라고 대답했단다."

나는 첫째 아이가 집을 떠났을 때 비슷한 경험을 했던 여러 부모와 대화를 나눈 적이 있다. 그들은 전혀 감정적으로 준비가 안 된 상태였다. 준비가 되어 있지 않은 상태에서 그런 변화를 겪게 되면 충격을 받기 마련이다. 자녀를 키우는 역할이 끝났을 때 부모는 마음의 상처를 입는다. 그런 이유로 미리부터 자녀를 떠나 보낼 준비가 필요하다. 그날은 반드시 온다. 그것은 결코 피할 수 없는 하나님이 정하신 자연스러운 과정이다. 지금부터 준비를 시작하라.

부부간의 결속

아이들이 모두 떠나고 부부만 덩그러니 남게 된 상황이 결혼 생활에 가장 큰 위기를 초래할 수 있다는 사실을 혹시 알고 있는가? 부모는 20년 이상 자녀를 키우게 된다. 그런데 언젠가 갑자기 아이들이 모두 집을 떠날 날이 오고 만다. 자녀를 키우는 동안 부부 관계에 시간과 노력을 투자하지 않으면 결혼 생활의 기초가 흔들릴 수 있다. 부부의 결속력이 약해지면 그런 모습을 옆에서 지켜보는 아이들에게도 지대한 영향을 미치게 된다. 아이들에게 제공할 수 있는 가장 든든한 삶의 토대는 배우자와 반석처럼 굳건한 관계를 형성하고, 그 관계를 유지하는 것이다.

부모의 행동은 결혼 생활과 가족 관계를 바라보는 아이들의 관점에 큰 영향을 미친다. 따라서 부부는 때로 데이트를 하는 등 둘만의 시간을 마련해야 한다. 아이들에게 인생 전체를 송두리째 바치지 말라. 물론 아이들은 중요하다. 하지만 자녀 양육보다 결혼 생활이 훨씬 더 오래 지속된다. 부부 생활이 건강해야만 아이들도 건강한 인생을 살아갈 수 있다.

하나님을 신뢰하는 삶

장차 하나님은 우리에게 맡긴 자녀들을 어떤 식으로 양육했는지 물어보실 것이다. 자녀들을 보호하고 양육하면서 자녀들에게 하나님을 믿으라고 가르쳤는가? 자녀들이 그들의 인생을 든든히 세울 수 있도록 그들에게 굳건한 기초를 마련해 주었는가?

아이들은 크건 작건 간에 잘못을 저지르기 마련이다. 그럴 때는 실패를 극복할 수 있도록 돕고, 하나님이 또 다른 기회를 주실 것이라고 가르치라. 한 번의 실패로 인생이 끝나는 것은 아니다.

몇 년 전의 일이다. 우리 아이들을 잠시 동안 내 곁에서 떠나보내야 했을 때 나는 무척 고민스러웠다. 그때 한 현명한 조언자가 "하나님은 당신보다 아이들을 더 사랑하신답니다. 그분은 아이들을 당신의 손에 잠시 맡기셨을 뿐이죠. 하나님은 아이들과 당신을 그분의 손으로 안전하게 붙들고 계세요. 하나님이 미리 아시거나 허락하지 않으시고는 아이들에게 어떤 일도 일어날 수 없습니다."라고 말했다.

상황이 어려울 때는 하늘에서 모든 일을 섭리하시는 하나님을 기억하라. 아이들이 방황할 때도 그분의 계획을 믿으라. 한 엄마는 "편지가 올 것이라고 믿고, 불빛이 켜질 것을 확신하고, 은행을 믿고 돈을 맡기면서도 우리 아이들을 사랑이 많으신 하나님께 부탁하는 것은 왜 그리 어려워하나요?"라고 말했다. 매일 아이들을 위해 기도하라. 하나님께 구하면 지혜를 주실 것이다.

아이들 떠나 보내기

아이들을 삶의 유일한 목적으로 삼는 것은 옳지 않다. 그런 마음은

즉각 버리는 것이 좋다. 아이들이 친구가 되어 주고, 감정적인 의지처가 되어 줄 것이라는 생각은 금물이다. 아이들과 상관없이 온전한 사람이 되려고 노력하라. 그러면 부부 모두 인생의 큰 보상을 받게 될 것이다.

"걸음마를 하는 어린아이는 부모의 발을 밟고, 십대 자녀는 부모의 마음을 밟는다."라는 말이 있다. 어린아이에서 성인이 되는 과정은 두렵고 혼란스러우며, 위험한 일도 많다. 하지만 모든 책임을 다하기 전까지는 부모의 역할을 포기하지 말라. 수시로 기도하고, 옳다고 믿는 일은 끝까지 밀고 나가라. 아이들의 삶과 관련된 일은 모두 변해도 부모는 절대로 변하지 않는다. 아이들은 이 점을 인정하지 않을지도 모르지만 이는 사실이다. 아이들은 이것을 알아야 한다.

아이들이 고등학생이 되면 자기는 모든 것을 다 알고 있지만 부모는 아무것도 모른다는 듯한 태도를 보인다. 그래도 놀라지 말라. 그것은 단지 성장 과정일 뿐이다.

마크 트웨인은 "내가 열네 살이었을 때는 아버지가 아무것도 모르는 무지렁이 같아 보여서 함께 있는 것조차 싫었다. 하지만 스물한 살이 되자 나는 연로한 아버지가 7년 사이에 어디서 그렇게 많은 지식을 알게 되셨는지 깜짝 놀라지 않을 수 없었다."라고 말했다.

지금 우리가 가르치려는 일들 가운데는 아이들이 전혀 이해하지 못하는 일이 있을 수 있다. 개중에는 아이들이 결혼해 직접 아이를 낳아기를 때까지 이해할 수 없는 일도 있다. 또한 평생을 살아도 깨닫지 못할 일도 있다. 그러니 인내심을 잃지 말라.

우리의 자녀 양육은 완전하지 않다. 자녀들도 완전하지 않기는 마찬가지다. 하지만 자녀를 양육할 때는 목적의식이 뚜렷해야 한다. 아무런 계획 없이 허송세월을 보내서는 안 된다. 무엇을, 어떻게, 왜 하는지를 분명히 해야 한다. 다음에 벌어질 상황을 예측하고, 어떤 질문을 던져 올 것인지를 파악한 다음 대답할 말을 준비해야 한다.

몇 년 전에 들은 이야기다. 자녀 양육의 문제를 한마디로 요약해 주는 이야기인지라 잠시 소개하고자 한다. 양팔이 없는 아들을 낳은 한 엄마가 있었다. 그녀는 늘 아들의 곁에서 도움을 주고 싶었지만, 언제까지 그렇게 해줄 수는 없다는 사실을 깨달았다. 그녀가 할 수 있는 최선의 방법은 아들 스스로 일을 처리할 수 있게 가르치는 것이었다.

어느 날 그녀는 아들에게 스웨터를 건네주면서 혼자서 입어 보라고 말했다. 양팔이 없는 아들은 믿을 수 없다는 표정으로 그녀를 쳐다보았다. 그녀는 어서 옷을 입으라고 재촉했다.

아들은 옷을 입으려고 시도해 보았지만 실패하고 말았다. 몇 차례 더 시도했지만 절망감만 더욱 크게 치솟았다. 그의 볼을 타고 눈물이 흘러내렸다. 마침내 그는 "왜 도와주시지 않는 거죠?"라고 소리쳤다.

그녀의 뺨에도 눈물이 주르륵 흘러내렸다. 그녀는 "아들아, 지금 나는 너를 돕고 있는 거란다."라고 대답했다.

단호한 마음으로 아이들을 보듬어 안고, 따뜻한 사랑을 베풀라. 그리고 아이들이 장차 세상에 홀로 설 때를 대비해 삶의 기술을 가르치라. 아이들이 날개를 활짝 펴고 하나님이 계획하신 미래를 향해 날아오르는 모습을 보면 그동안 노력해 온 일에 대해 커다란 자부심을 느끼게 될 것이다.

| 주 |

1장

1) Dr. James Dobson, *The Strong-Willed Child* (Wheaton: Tyndale, 1985), p. 235.
2) John Rosemond, *John Rosemond's Six-Point Plan for Raising Happy, Healthy Children* (Kansas City: Andrews and McMeel, 1989), p. 48. 『아이를 성공적으로 기르기 위한 6가지 포인트』(글읽는세상).
3) Jean Lush with Pamela Vredevelt, *Mothers and Sons* (Grand Rapids: Revell, 1988), p. 37.
4) Rosemond, *Six-Point Plan*, pp. 43-44. 『아이를 성공적으로 기르기 위한 6가지 포인트』.
5) Dobson, *The Strong-Willed Child*, p. 279.
6) Connie Grigsby and Kent Julian, *How to Get Your Teen to Talk to You* (Sisters, OR: Multnomah, 2002), p. 86.
7) Dr. James Dobson, *Parenting Isn't for Cowards* (Dallas: Word, 1987), p. 155.

2장

1) Mary Hunt, *Debt-Proof Living* (Nashville: Broadman & Holman, 1999), p. 41.
2) Ibid., pp. 43-44.

3장

1) Susan Ratcliffe, ed., *The Little Oxford Dictionary of Quotations* (New York: Oxford University Press, 2001), p. 406.
2) Lush with Vredevelt, *Mothers and Sons*, pp. 106-107.
3) Grigsby and Julian, *How to Get Your Teen to Talk to You*, p. 39.

4장

1) Lush with Vredevelt, *Mothers and Sons*, p. 120.

5장

1) Josh McDowell and Bob Hostetler, *The New Tolerance* (Wheaton: Tyndale, 1998), p. 20. 『톨레랑스의 두 얼굴』(스텝스톤).
2) Ibid., p. 25.
3) William J. Bennett, "Human Events," in *Mothers and Sons*, by Jean Lush with Pamela Vredevelt, p. 198.
4) Charles J. Sykes, "Some Rules Kids Won't Learn in School," July 1, 2002, http://www.snopes.com/language/document/liferule.htm.

6장

1) Rosemond, *Six-Point Plan*, p. 96. 『아이를 성공적으로 기르기 위한 6가지 포인트』.
2) Ibid., p. 100.
3) Gary Chapman, *The Five Love Languages* (Chicago: Northfield Publishing, 1995), p. 38. 『5가지 사랑의 언어』(생명의말씀사).

7장

1) George Barna, *Transforming Children into Spiritual Champions* (Ventura: Regal Books, 2003), p. 34. 『당신의 자녀를 영적 챔피언으로 훈련시켜라』(쉐키나미디어).
2) Ibid., p. 41.
3) Grigsby and Julian, *How to Get Your Teen to Talk to You*, p. 21.

8장

1) National Center for Chronic Disease Prevention and Health Promotion, "Adolescents and Young Adults Fact Sheet," Physical Activity and Health: A Report of the Surgeon General, November 17, 1999, http://www.cdc.gov/nccdphp/sgr/adoles.htm.

9장

1) Substance Abuse and Mental Health Services Administration, "The Importance of Family Mealtime," September 1, 2003, http://www. family.samhsa.gov/get/mealtime.aspx.
2) Grigsby and Julian, *How to Get Your Teen to Talk to You*, p. 26.

사명선언문

너희가 흠이 없고 순전하여……세상에서 그들 가운데 빛들로
나타내며 생명의 말씀을 밝혀 _ 빌 2:15-16

1. 생명을 담겠습니다
만드는 책에 주님 주신 생명을 담겠습니다.
그 책으로 복음을 선포하겠습니다.

2. 말씀을 밝히겠습니다
생명의 근본은 말씀입니다.
말씀을 밝혀 성도와 교회의 성장을 돕겠습니다.

3. 빛이 되겠습니다
시대와 영혼의 어두움을 밝혀 주님 앞으로 이끄는
빛이 되는 책을 만들겠습니다.

4. 순전히 행하겠습니다
책을 만들고 전하는 일과 경영하는 일에 부끄러움이 없는
정직함으로 행하겠습니다.

5. 끝까지 전파하겠습니다
모든 사람에게, 땅 끝까지, 주님 오시는 그날까지
복음을 전하는 사명을 다하겠습니다.

서점 안내

광화문점 서울시 종로구 새문안로 69 구세군회관 1층
02)737-2288 / 02)737-4623(F)

강남점 서울시 서초구 신반포로 177 반포쇼핑타운 3동 2층
02)595-1211 / 02)595-3549(F)

구로점 서울시 동작구 시흥대로 602, 3층 302호
02)858-8744 / 02)838-0653(F)

노원점 서울시 노원구 동일로 1366 삼봉빌딩 지하 1층
02)938-7979 / 02)3391-6169(F)

일산점 경기도 고양시 일산서구 중앙로 1391 레이크타운 지하 1층
031)916-8787 / 031)916-8788(F)

의정부점 경기도 의정부시 청사로47번길 12 성산타워 3층
031)845-0600 / 031)852-6930(F)

인터넷서점 www.lifebook.co.kr